いちばんやさしい魚の食べ方

手をかけないから、おいしい

飛田和緒

はじめに

本書は3年間雑誌で続いた連載を、一冊にまとめたものです。海の近くに引っ越しをして20年、肉料理が多かった食生活が一変、魚を食べる機会が増えました。最初は近所の漁港で魚を分けてもらったり、クルマを飛ばして魚の市場に出かけたり、そのうちになじみの魚屋さんを見つけて、あれこれ旬の魚をどう食べるかを教えていただきました。

とにかく最初に面食らったのは、切り身が売っていないこと。小魚はもちろん、鯛やさば、きんめもまるごと売っている。そしてもちろん地魚しかない。まるごとの魚を前にどう頼んで買い物したらよいのかもわからない状態でした。あじを三枚おろしにしてほしいなんて頼める状態でなく、うちに持って帰ってまずはあじをさばくことから始めました。

小さな魚をさばくための包丁を買ってみたり、鯛をおろす出刃包丁を用意したり。でもそうこうするうちに、小魚からすべておろしてもらえる魚屋さんを見つけてほっとした日は忘れられません。救世主現る。その日から旬の魚をどう食べるかを教えていただき、頭から尾まで、捨てることなく、一尾丸ごとを味わうことも教わりました。たとえばまるごとの魚を、半身は刺し身に、半身は煮

ものにとリクエストすると三枚におろしてくれます。身だけでなく、中骨も頭も尾もきれいに包まれているのです。持ち帰ったときに気がついて、これは地元では普通のことなのだと知ったのでした。頭はあら汁や煮つけに、骨や尾は干したり、焼いてから水と合わせて煮出してだしをとる。このだしがもうおいしすぎて、ひと手間を惜しむことがありません。

というわけで、ちゃちゃっとさばけるすべはいまだに身につけておりませんが、魚屋さんやスーパーの魚売り場でさばいてもらい、日々魚を食べる機会が多くなりました。強いていうならどうさばいてもらうか、の注文はうまくお伝えできるようになったと思います。

さて、本書ではさばき方も少々ご紹介しておりますが、ほとんどは切り身や刺し身でもできるレシピとなっております。そしてみなさんがよくご存じの魚や貝をなじみの調味料と調理方法で、工程少なく、シンプルに作っています。新鮮な魚は生でも食べられますし、火通りがよいので、じつは肉料理より時短調理が可能です。旬の魚は手をかけなくてもおいしい。イキのよい魚を見かけたら、迷わず献立に魚料理を一品作ってみてくださいね。

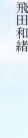

飛田和緒

CONTENTS

第1章 まずは、ここから。切り身と刺し身を使いこなす

切り身 …10　刺し身 …22

第2章 旬を味わう シンプルな魚料理 春・夏

鯛 …30
さわら …34
かつお …36
やりいか …40
ほたるいか …42
あさり …44

春のごちそうストック
自家製かつおツナ …46

あじ …48
豆あじ …54
たこ …56
いわし …58
するめいか …62

夏のごちそうストック
まぐろの赤ワイン漬け …64

手をかけないから、おいしい
いちばんやさしい 魚の食べ方
飛田和緒

第3章 旬を味わう シンプルな魚料理 秋・冬

秋

さんま … 74

鮭・サーモン … 78

さば … 84

秋のごちそうストック
自家製イクラの
しょうゆ漬け … 90

冬

ぶり … 94

えび … 98

たら … 100

かき … 102

帆立て … 104

冬のごちそうストック
かきのオイル漬け … 106

わが家のおもてなし
1 しらすあれこれ … 66
2 手巻きずし … 108

わが家の塩むすび … 112

お気に入りの道具 … 113

表紙のレシピ … 114

手がかからないけど喜ばれる

この本の統一表記について
- 大さじ1は15㎖、小さじ1は5㎖、1カップは200㎖です。
  1㏄は1㎖です。
- フライパンは特に記載のない場合、直径26cmのものを使用しています。
- 電子レンジの加熱時間は600Wのものを基準にしています。
  500Wの場合は1.2倍を、700Wの場合は0.8倍を目安に加熱時間を調整してください。なお、機種によって多少異なる場合もあります。
- オーブントースターの焼き時間はあくまでも目安です。様子をみながら加熱してください。
- 落としぶたは、アルミホイルやオーブン用シートを鍋またはフライパンの直径に合わせて切ったものを使っています。
- 材料に「塩」とあるものは粒が粗いしっとりとしたタイプのものを使っています。小さじ1で約5gが重量の目安です。「油」は、米油や菜種油など、あまり香りの強くないものを指します。「砂糖」は上白糖やさとうきび糖です。好みのものを使ってください。
- 揚げ油の温度は中火で2〜3分油を熱してから、乾いた菜箸を入れてその様子で判断します。
  中温（170〜180℃）＝菜箸からすぐに細かい泡がまっすぐ出る。
  高温（185〜190℃）＝菜箸から勢いよく泡がたくさん出る。

第 1 章

まずは、ここから。切り身と刺し身を使いこなす

魚に苦手意識のある人でも挑戦しやすいのが、さばく必要がない「切り身」と「刺し身」。王道の甘辛味のものから洋・中・韓までそろえたレシピで、まずは魚料理をもっと身近に感じましょう。魚は日もちがしないと思われがちですが、切り身は調味料に漬ければ冷凍もOK。ぐっと保存期間が延びるし、調理も簡単で便利です。また、刺し身はそのまま食べてもおいしいけれど、ひと手間加えてカルパッチョやユッケ風にいただくのも、おすすめですよ。

切り身

鮭を王道おかずで

秋鮭のちゃんちゃん焼き
1人分 395kcal　塩分 3.2g

「野菜から甘みと水けが出るので、ためらわず、どっさりと。もやしやねぎを使うのもおすすめ」

> 「甘辛だれをからめた照り焼きは、ご飯にのせて食べるのもおいしい。つけ合わせは焼いたねぎや、甘酢しょうがでも」

秋鮭の照り焼き

1人分 290kcal 塩分 2.7g

材料（2人分）
- 生鮭の切り身 …… 2切れ（約230g）
- ほうれん草 …… 1わ（約200g）
- みりん …… 大さじ2
- 砂糖 …… 小さじ1½〜2
- しょうゆ …… 大さじ1½
- 塩 …… 3つまみ
- 片栗粉、小麦粉 …… 各小さじ2
- 油 …… 小さじ2

作り方
① 鮭は水けを拭き、塩ふたつまみをふって10分ほどおく。ほうれん草は根元を切り、長さ5cmに切る。鮭の水けを拭き、片栗粉と小麦粉をまぶす。
② フライパンに油小さじ1を中火で熱し、ほうれん草を炒める。しんなりとしたら、塩ひとつまみをふって器に盛る。
③ フライパンの汚れを拭き、油小さじ1を中火で熱する。鮭を入れて両面を4分ずつ焼き、いったん取り出す。みりんを加えて煮立たせ、砂糖としょうゆを加えて混ぜ、とろみがつくまで熱する。鮭を戻し入れ、照りが出るまで煮からめる。
④ ほうれん草の器に鮭をのせ、フライパンに残ったたれをかける。

材料（4人分）
- 生鮭の切り身 …… 4切れ（約500g）
- キャベツの葉 …… 6枚
- ピーマン …… 4個
- にんじん …… 8cm
- にら …… 1束
- しめじ …… 1パック
- A　卵黄 …… 2個分
　　みりん※、みそ …… 各大さじ4
　　砂糖、白すりごま、しょうゆ
　　　　　　　…… 各小さじ4
- 塩 …… 4つまみ
- 油 …… 小さじ4
- バター …… 大さじ3

※アルコールが気になる場合は、耐熱の器に入れ、ラップをかけずに電子レンジで20秒ほど加熱して粗熱を取る。

作り方
① 鮭は水けを拭き、塩をふって10分ほどおく。キャベツはしんを切り取り、一口大に切る。ピーマンは縦半分に切り、へたと種を除いて一口大に切る。にんじんは皮をむき、長さ4cm、縦に幅3mmに切る。にらは長さ5cmに切る。しめじは石づきを切ってほぐす。鮭の水けを拭く。
② 口径24cmの厚手の鍋か深めのフライパンに油を中火で熱し、鮭を皮目を下にして並べ入れる。にんじん、ピーマン、しめじ、キャベツ、にらを鮭をおおうように順にのせる。ふたをして10〜15分蒸し焼きにする。
③ Aの卵黄以外の材料を混ぜ、卵黄を加えてさらに混ぜて、たれを作る。野菜がしんなりとしたら火を止め、ふたを取ってバターをのせる。再びふたをして5分ほどおく。全体をかるく混ぜ、めいめい取り皿にとり、たれをかけていただく。

材料（2人分）
- 生鮭の切り身 …… 2切れ（約200g）
- 玉ねぎ（小） …………………… 1個
- ベーコン ………………………… 4枚
- レモン …………………………… 適宜
- 塩 ………………………………… 少々
- オリーブオイル ………… 小さじ2
- 粗びき黒こしょう ……………… 適宜

作り方

① 鮭は水けを拭き、皮を除く。塩をふって10分ほどおき、水けを拭く。玉ねぎは幅1cmの輪切りにする。ベーコンは長さを半分に切る。鮭は一切れを4つに切る。鮭にベーコンを巻く。

② フライパンにオリーブオイルを中火で熱し、玉ねぎの両面を1分ずつ焼く。①の鮭を巻き終わりを下にして加え、両面を2～3分ずつこんがりと焼いて取り出す。粗びき黒こしょうをふり、レモンを絞る。

鮭のベーコン巻き
1人分335kcal 塩分1.1g

鮭を洋食で

「娘のべんとうの定番。鮭とベーコンって意外と合う」

「甘塩鮭から出る塩けがポイント。卵黄を加えたらソースは温める程度に。クリームが分離せず、とろっと仕上がります」

鮭ボナーラ

1人分 **887**kcal　塩分 **2.9**g

材料(2人分)
甘塩鮭の切り身……2切れ(約200g)
ブロックベーコン……………… 20g
にんにくのみじん切り……1かけ分
スパゲティ………………… 180g
生クリーム………………… 1カップ
卵黄………………………… 1個分
小麦粉、塩、粗びき黒こしょう、パセリのみじん切り……… 各適宜
オリーブオイル……… 大さじ2

作り方
① ベーコンは5mm角の棒状に切る。鮭は皮を除いて水けを拭き、骨を除いて大きめの一口大に切る。小麦粉を薄くまぶす。鍋に湯2ℓを沸かし、塩小さじ2を加える。パスタを袋の表示どおりにゆではじめる。
② フライパンににんにくとオリーブオイル、ベーコンを弱火で熱し、香りが立ったら鮭を加える。色が変わったら、鮭だけ取り出す。
③ 生クリームを加えて弱めの中火にし、煮立ったら火を止める。粗熱が取れたら卵黄を加えて混ぜる。鮭を戻す。
④ パスタを湯をきって加え、中火にかける。味をみてパスタのゆで汁、塩、粗びき黒こしょう各適宜を加え、さっとからめる。器に盛り、パセリをふる。

「皮は捨てず、トースターでこんがりとするまで焼いて。いいアテに」

さばを和・洋の献立で

「夫も娘も、とろりとした身をこっくりした汁ごと、白いご飯にのせて食べるのが大好き（笑）。みそは後から入れると、焦げつく心配もありません」

うちのさば みそ煮
1人分 344kcal　塩分 2.1g

材料（2人分）
- さばの切り身（骨つき） ………… 2切れ（約250g）
- ねぎ ……………………………………… 1本
- A
  - しょうがの薄切り …… 1かけ分
  - 砂糖 ……………………… 大さじ1
  - しょうゆ ………………… 小さじ2
  - 水 ………………………… 1½カップ
- みそ ……………………… 大さじ1½〜2

作り方
① ねぎは長さ5cmに切る。さばは水けを拭いて皮目に十文字に切り目を入れる。

② 口径20cm※の鍋かフライパンにAを入れて中火にかけ、煮立ったらさばを皮目を上にして並べ入れる。落としぶた（P7参照）をし、3〜4分煮る。

③ 落としぶたをはずし、あいたところにねぎを加える。煮汁大さじ1でみそを溶き、回し入れる。煮汁をときどきさばにかけながら、5分ほど煮つめる。

※魚が重ならず、ぴったり入るくらいの大きさだと、煮汁がよく回る。

「トマト缶とぐつぐつ煮て洋風の一皿に。最後にしょうゆを加えると、味がしまります」

さばの洋風トマト煮
1/3量で515kcal 塩分2.6g

材料（2〜3人分）
- さばの切り身 …… 2〜3切れ（約300g）
- 玉ねぎ …………………………… 1/2個
- ホールトマト缶詰（400g入り） …… 1缶
- にんにくの薄切り ………… 1かけ分
- ケッパー（酢漬け）……… 小さじ2
- しょうゆ ………… 小さじ1 1/2〜2
- 粗びき黒こしょう ………………… 少々
- 塩 ………………… 小さじ1/2〜2/3
  （さばの重さの約1％）
- バゲット ………………………… 適宜
- オリーブオイル ………… 大さじ3

作り方
① 玉ねぎは横に幅1cmに切る。さばは水けを拭いて一切れを4等分に切る。塩をふって10分ほどおき、水けを拭く。トマト缶は果肉をつぶす。

② フライパンににんにくとオイルを弱火で熱し、にんにくが色づいたら取り出す。中火にし、玉ねぎを加えてさっと炒める。端に寄せてさばを加え、こんがりとするまで両面を5分かけて焼く。

③ トマトと缶汁、ケッパーを加えて弱めの中火にし、とろみがつくまで15分ほど煮る。しょうゆと粗びき黒こしょうを加えて味をととのえる。器に盛ってにんにくを砕いて散らし、バゲットを添える。

さわらを漬け焼きに

「調味料を1対1対1で合わせた漬け汁に漬けるだけ。身はしっとり、ゆずが入ることで香り豊か」

さわらの幽庵漬け

1/4量で263kcal 塩分2.1g

材料（作りやすい分量）
さわらの切り身
　………… 4切れ（500〜560g）
〈幽庵地〉
　酒、みりん、しょうゆ
　……………… 各大さじ2
ゆず………………… 1/2個
塩………………… 4つまみ

作り方
① さわらは水けを拭いてから、塩をひとつまみずつふる。10分ほどおき、水けを拭く。ゆずは幅3mmの輪切りにする。

② 大きめの保存袋に幽庵地の調味料を混ぜ、ゆずを種ごと加える。さわらを入れ、冷蔵庫で半日（約6時間）ほど漬ける。

●冷蔵で2日ほど、冷凍で約1カ月保存可能。

春野菜と
フライパン蒸しに
1人分 305kcal　塩分1.8g

「春野菜は、水けが出るものなら何でもOK。菜の花、新玉も合います」

材料（2人分）と作り方

1. 春キャベツ1/6個は大きめの一口大に切る。スナップえんどう10個はへたと筋を取る。「さわらの幽庵漬け」（P16参照）2切れは汁けをきる。
2. フライパンにサラダ油小さじ1を中火で熱し、さわらの両面を1分ずつ焼く。端に寄せ、春キャベツ、スナップえんどうを広げ、水大さじ3をふる。さわらを上にのせる。漬け汁大さじ1を全体に回しかけ、ふたをして弱火で6分ほど蒸し焼きにする。

シンプルに焼いて
1人分 257kcal　塩分1.5g

材料（2人分）と作り方

「さわらの幽庵漬け」（P16参照）2切れは汁けをきる。魚焼きグリル（両面焼き※）に皮目を上にして入れ、弱火で7〜8分焼く。ときどき刷毛やスプーンの背で漬け汁適宜を塗る。焼き上がる2分前に種を取ったゆず2枚を加える。器に盛り、大根おろし適宜を添える。

※片面焼きの場合は、予熱してから両面を4分ずつ焼く。

「間違いなくご飯に合う味。ゆずはいっしょに焼いて」

ぶりでオイル漬け

> 「ゆずこしょうとオリーブオイルのさわやかな香りが、ぶりのうまみと意外なほどマッチ。仕上がりもしっとりします」

ぶりのゆずこしょうオイル漬け

1切れ分 276kcal　塩分0.6g

材料（4切れ分）
- ぶりの切り身 …………… 4切れ
- ゆずこしょう …… 小さじ1〜2
- オリーブオイル ……… 大さじ2
- 塩 ………………………… 適宜

作り方
1. ぶりは水けを拭く。一切れに塩ひとつまみずつをふり、10分ほどおいて表面の水けを拭く。
2. 保存袋2枚※にぶり、ゆずこしょう、オリーブオイルを1/2量ずつ入れ、袋の上から手でもむようにかるくなじませる。冷蔵庫に入れて1〜2時間おき、味を含ませる。

※大きめの袋で4切れいっしょに漬けてもOK。
- 冷蔵で2日ほど、冷凍で約2週間保存可能。

青菜といっしょに炒めて

材料（2人分）と作り方

① 青梗菜（チンゲンツァイ）1株は葉と茎に切り分け、ともに食べやすく切る。「ぶりのゆずこしょうオイル漬け」（P18参照）2切れは一口大に切る。

② フライパンにぶりをオイルごと入れて中火で熱し、焼きつける。全体にかるく焼き色がついたら青梗菜を加え、青梗菜に塩少々をふってから、全体をさっと炒め合わせる。

「味つけは塩少々のみでOK。香り高い炒めものが即完成します」

グリルで焼いて

材料（2人分）と作り方

「ぶりのゆずこしょうオイル漬け」（P18参照）2切れはかるくオイルをぬぐう。エリンギ2本は縦に食べやすく裂く。魚焼きグリル（両面焼き※）に、ぶりを皮目を上にしてエリンギとともに並べる。弱火で7〜8分焼き、器に盛る。

※片面焼きの場合は、予熱してから両面を4分ずつ焼く。

「エリンギといっしょにシンプルに焼いて。おつまみとしても粋な一品に」

鯛で炊き込みご飯に

「香ばしく焼いた切り身と旬のたけのこを炊いた、ごちそうご飯」

※1 炊飯器の場合は、米を内がまに入れて2合の目盛りまでだし汁を注ぐ。作り方①〜③と同様に具をのせて普通に炊く。
※2 片面焼きの場合は、予熱してから中火で両面を3〜4分ずつ焼く。
※3 残った中骨に、水適宜を加えて煮立てるといいだしが出る。ねぎと塩適宜を加え、お吸いものにしても。

鯛とたけのこのご飯

1/4量で393kcal 塩分1.8g

材料（3〜4人分）
- 鯛の切り身(大)‥‥2切れ(約300g)
- たけのこの水煮‥‥‥‥‥‥120g
- 米‥‥‥‥‥‥‥‥‥‥2合(360ml)
- だし汁(昆布)‥‥‥2カップ(400ml)
- 薄口しょうゆ‥‥‥‥‥‥大さじ1
- 塩、木の芽‥‥‥‥‥‥‥各適宜

作り方

❶ 米はといでざるに上げる。口径約22cmの土鍋※1にだし汁とともに入れ、30分ほどおく。鯛は水けを拭き、塩少々をふって10分ほどおき、水けを拭く。重さの1％の塩(小さじ1/2強)をふり、魚焼きグリル(両面焼き※2)で中火で6分ほど焼く。たけのこは厚さ5mmの一口大に切る。

❷ 土鍋にしょうゆを加えてさっと混ぜ、たけのこを広げ入れ、鯛をのせる。ふたをして強火にかけ、煮立ったら弱火で12分ほど炊く。火を止めて10分ほど蒸らす。

❸ 鯛をバットに取り出して、骨※3を除き、身をほぐす。❷に戻し入れ、全体をさっくりと混ぜる。器に盛り、木の芽をのせる。

刺し身

鯛をご飯にのせて

「だししょうゆと卵黄をからめた鯛の刺し身をあつあつのご飯にのせて食べる、愛媛の郷土料理」

宇和島風鯛めし
1人分 405kcal 塩分 0.9g

材料（2人分）
- 鯛の刺し身（さく）……… 100g
- 〈だししょうゆ〉
  - だし汁、みりん、しょうゆ ……… 各小さじ2
- 卵黄 ……… 2個分
- 白すりごま ……… 大さじ1
- 温かいご飯 … 茶碗2杯分（約300g）
- 青じその葉、細切りの焼きのり ……… 各適宜

作り方

❶ だししょうゆのみりんは耐熱容器に入れ、ラップをせずに電子レンジで20秒ほど加熱する。取り出して粗熱を取る。鯛は水けを拭き、薄いそぎ切りにする。青じそは軸を取り、小さくちぎる。小さめの器にだししょうゆの材料とすりごまを入れて混ぜる。鯛を加えてからめ、冷蔵庫で5～10分おく。

❷ 茶碗にご飯を盛り、薬味をのせる。鯛に卵黄をからめ、ご飯にのせていただく。

ごま鯛茶漬け

1人分 357 kcal 塩分 1.6 g

「ぷりぷりの鯛の身に、濃厚なごまだれをからめて。お茶は煎茶がおすすめ」

材料（2人分）
- 鯛の刺し身（さく) ………… 100 g
- 酒、薄口しょうゆ …… 各大さじ1
- 白すりごま、白練りごま
  ………………………… 各大さじ1/2
- 温かいご飯
  ………… 茶碗2杯分（約300 g）
- 練りわさび、熱い煎茶 …… 各適宜

作り方

① 酒は耐熱容器に入れ、ラップをせずに電子レンジで20秒ほど加熱する。取り出して粗熱を取る。鯛は水けを拭き、薄いそぎ切りにする。ボールにしょうゆと酒を混ぜ、鯛を加えてあえ、冷蔵庫で20分ほどおく。すりごまと練りごまを加えてあえる。

② 茶碗にご飯を盛り、①をのせてわさびを添える。熱い煎茶をかけていただく。

鯛・あじをカルパッチョで

鯛の台湾風カルパッチョ
1人分 117kcal 塩分 0.5g

「ナンプラー風味のカルパッチョは、お酒がすすむつまみ味。ピーナッツの歯ざわりもポイント」

材料（2人分）
- 鯛の刺し身の薄切り……80〜100g
- ねぎの白い部分……………10cm
- パクチー……………………1株
- ピーナッツ（有塩）……大さじ1½
- 〈ナンプラーだれ〉
  - ナンプラー、ごま油……各小さじ1
- レモンのくし形切り……1〜2切れ

作り方
❶ ねぎは長さ約5cmに切り、縦に切り込みを入れて開く。しんを除いてごく細いせん切りにする（しらがねぎ）。水に5分ほどさらして水けをきる。パクチーは葉を摘み、茎はみじん切りにする。ピーナッツは粗く刻む。

❷ 平らな器にパクチーとねぎを広げ入れる。鯛をのせ、ピーナッツを散らす。たれの材料をとろりとするまでよく混ぜ、回しかける。レモンを絞っていただく。

あじと オレンジの カルパッチョ

1人分 182kcal　塩分 0.8g

「脂ののったあじとみずみずしいオレンジがすごく合う。グレープフルーツもおすすめ」

材料（2人分）
あじ（三枚におろしたもの）
　……………… 1尾分（約100g）
オレンジ …………………… 1個
ディル ……………………… 2枝
塩 …………………………… 適宜
粗びき黒こしょう ………… 少々
オリーブオイル ………… 大さじ2

作り方
① オレンジは厚めに皮をむき、果肉と薄皮の間に包丁でV字に切り込みを入れ、果肉を取り出す。あじはあれば骨を除き、皮をむいて薄いそぎ切りにする。
② 平らな器に塩少々をふり、あじとオレンジを交互に盛る。塩ふたつまみ、粗びき黒こしょうを全体にふる。ディルをちぎって散らし、オリーブオイルを回しかける。

かつお・あじを薬味あえ

「ねっとりとこくのあるかつおを韓国風の味つけで。これには間違いなくビール!」

かつおのユッケ風
1人分 156kcal 塩分0.6g

材料(2人分)
かつおの刺し身………………150g
〈ねぎだれ〉
　ねぎのみじん切り………10cm分
　ナンプラー、しょうゆ、コチュジャン……………各小さじ½
卵黄…………………………1個分
白いりごま……………小さじ½
糸唐辛子……………………適宜

作り方
① かつおは1cm角に切る。ボールにたれの材料をよく混ぜる。かつおを加え、あえる。
② 器に盛り、ごまをふる。卵黄をのせ、糸唐辛子を添える。

「たたく作業はちょっぴり大変ですが、なめらかな舌ざわりは、ほかにないおいしさ」

あじのなめろう
1/5量で70kcal　塩分0.5g

材料（作りやすい分量）
あじ（刺し身用）……………250g
〈薬味〉
　ねぎのみじん切り………10cm分
　青じその葉のみじん切り…6枚分
　しょうがのみじん切り
　　……………………………1かけ分
みそ……………………………小さじ2
しょうゆ………………………少々
青じその葉……………………2枚

作り方
① あじは細切りにする。さらに包丁でたたき、粗いみじん切りにする。
② 7〜8mm角になったら、みそと薬味の材料をのせる。さらにたたきながら混ぜる。
③ 包丁であじを端から返すようにし、薬味とみそを均一に混ぜる。全体がねっとりとしたら、しょうゆで味をととのえる。全体をひと混ぜする。器に盛り、青じそを添える。

香ばしいさんが焼きに。漁師がなめろうを山小屋で焼いて食べたのが由来

なめろうを約大さじ2（20g）ずつ丸めてカットした焼きのりで包み、油をひいたフライパンに並べて両面をこんがり焼いて。レモンをキュッと絞ってめしあがれ。

黄身でこくをたした、どんぶりも絶品

炊きたてご飯にもみのりを散らし、なめろうを好きなだけ。卵黄を落とし入れ、しょうゆをちょろり。黄身をくずしてどうぞ。

第 2 章 旬を味わうシンプルな魚料理 春・夏

春に旬を迎える魚は、あっさりとしていて上品な味わいが特徴。
海辺の市場にも、ピカピカの鯛やさわら、貝などが並びます。
夏には、あじやいわしなど産卵期を迎える前の、栄養をたっぷりたくわえた青魚が増えます。
色鮮やかな夏野菜を合わせれば、見た目にも華やかに。
暑い盛りにはさっぱりといただける味つけも工夫しています。

鯛 蒸して、焼いて。お祝いごとにもぴったり。

鯛の中華蒸し
1人分 336kcal 塩分 1.5g

材料（2人分）
- 鯛の切り身 ……… 2切れ（約240g）
- しらがねぎ（P24参照）……… 1本分
- ねぎの青い部分 ……………… 1本分
- しょうがのせん切り ……… 1かけ分
- A │ 砂糖、ナンプラー、しょうゆ
  ……………………… 各小さじ1
- 塩 ……………………… ふたつまみ
- 酒 ……………………… 大さじ1
- パクチー ………………………… 適宜
- ごま油 ………………………… 大さじ2

作り方
1. 鯛は水けを拭く。皮目に斜めに3本切り目を入れる。一切れに塩ひとつまみずつをふり、10分ほどおいて水けを拭く。しらがねぎはしょうがとともに水に10分ほどさらし、水けをしっかりときる。パクチーは食べやすく切る。
2. 蒸気の上がったせいろ（または蒸し器）にオーブン用シートを敷く。鯛を皮目を上にしてのせ、酒をふる。ねぎの青い部分をのせ、ふたをして中火で6〜7分蒸す。Aを混ぜる。
3. 小鍋にごま油を入れて中火にかけ、煙が出るくらいまで熱する。鯛を器に盛り、しらがねぎとしょうがをのせる。ごま油をかけ、パクチーをのせてAをかける。

「蒸した鯛にどっさり薬味をのせたら、ごま油をジャッとかけて。シャキシャキの薬味とふんわりした鯛は、幸せなおいしさ」

春に旬を迎える真鯛。産卵期に入る前は体がピンクになることなどから、「桜鯛」と呼ばれ、この時期重宝されます。ビタミンなどの栄養も豊富。

鯛のレモンバター焼き

1人分 388 kcal　塩分 1.2 g

材料（2人分）

鯛の切り身 ……… 2切れ（約240 g）
新じゃがいも ……… 2個（約200 g）
レモン（国産） ……………… 1個
イタリアンパセリ ………… 適宜
塩、小麦粉 ……………… 各適宜
こしょう ………………… 少々
バター ………………… 20 g
オリーブオイル ……… 大さじ1

作り方

① 鯛は水けを拭いてから重さを量り、重量の1％の塩（小さじ½弱）を用意する。その分量から塩ひとつまみをふり、10分ほどおく。

② じゃがいもはよく洗って1個ずつ皮ごとラップで包み、電子レンジで6分加熱する。粗熱が取れたら、皮ごと幅1cmの輪切りにする。レモンは輪切りを2枚切り出す。パセリは粗く刻む。

③ 鯛の水けをもう一度拭き取る。残りの塩と、こしょうをまんべんなくふってなじませ、小麦粉を薄くまぶす。

④ フライパンにバター10 g、オリーブオイルを中火で熱し、鯛を皮目を上にして、じゃがいもとともに並べる。こんがりとするまで3分ほど焼き、返して残りのバター10 gと、レモンの輪切りを加えてさらに2分ほど焼く。器に盛って残ったレモンを絞り、パセリを散らす。

鯛は皮目から焼くと皮がぎゅっと縮んでしまうので、身から焼きます。

「たっぷりのバターで鯛と新じゃがを香ばしく焼いて。仕上げのレモンが、後味をさわやかに」

昆布じめ鯛と菜の花のちらしずし

1人分 353 kcal　塩分 0.9 g

材料（4人分）
鯛の刺し身（さく） ……………… 200 g
昆布（5×15cm） ………………… 5枚
菜の花 …………………………… ½束
貝割れ菜 ………………………… 2パック
〈酢めし〉
　米 ………………………… 2合（360㎖）
　酢 ………………………… 大さじ3
　砂糖 ……………………… 大さじ1½
　塩 ………………………… 小さじ⅔
白いりごま ……………………… 適宜
酒 ………………………………… 適宜

前日までの下準備

① 菜の花は茎の根元の皮を薄くむき、熱湯で1〜2分ゆでる。貝割れは根元を切って熱湯で2分ほどゆでる。ともに冷水にくぐらせてざるに上げ、水けをかるく絞る。鯛はペーパータオルで水けを拭く。

② ペーパータオルに酒をしみ込ませ、昆布を拭く。鯛、菜の花は昆布2枚ずつではさみ、残りの昆布1枚は半分に切って、貝割れをはさむ。それぞれラップでぴっちりと包み、冷蔵庫で1〜2晩置く。

作り方

③ 米はといでざるに上げる。口径約20cmの土鍋※に入れ、水360㎖を加えて30分ほど浸水させる。ふたをして中火にかけ、煮立ったら弱火で10分ほど炊き、15分ほど蒸らす。
※炊飯器で普通に炊いてもOK。

④ 鯛を昆布から取り出し、薄切りにする。菜の花はつぼみを切り、茎は幅5mmの小口切りにする。③のご飯が温かいうちに塩と砂糖をふり、酢を回しかける。しゃもじで切るようにさっくりと混ぜる。

⑤ 器に酢めしを盛る。うちわであおいで粗熱を取り、白いりごま適宜をふる。菜の花の茎を散らし、貝割れは菜箸に巻きつけるように丸めながら、バランスよく盛る。鯛をのせ、あいたところに菜の花のつぼみを盛り、さらにごま適宜をふる。

「使い終わった昆布も、もちろん無駄にしません」。昆布はさっと洗って鍋に入れ、水から煮出してまずは昆布だしに。その後はつくだ煮にしたりお肉と炒めたりと、必ず食べきります。

32

「散らす具材は鯛、菜の花、貝割れ菜とシンプルに。すべて昆布じめにするだけで、充分ぜいたくな春のごちそうに」

さわら

ほどよく脂がのった身をみそ漬けで。

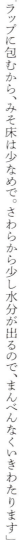

冬から春がおいしいさわら。じつはまぐろと同じ赤身の魚ですが、比較的あっさりした味わいなので、白身感覚で和洋中、幅広く使えます。

さわらのみそ甘酒漬け

1人分 283kcal　塩分 2.5g

材料（4人分）
さわらの切り身 ……………… 4切れ（500〜560g）
〈みそ床〉
　好みのみそ、甘酒（ストレートタイプ、またはみりん）
　　　　　　　　　　　　………… 各大さじ3
塩 ……………………………… 適宜

作り方
❶ さわらは水けを拭く。一切れに塩ひとつまみずつをふり、10分ほどおいて水けを拭く。みそ床の材料を混ぜる。
❷ 20×30cmに切ったラップにみそ床の1/8量（約小さじ2）を広げ、さわらをのせる。上にもみそ床の1/8量を塗り、ぴっちりと包む。残りも同様にし、バットにのせて冷蔵庫で一晩（8〜12時間）以上漬ける。
● 冷蔵で5日ほど、冷凍で約1カ月保存可能。冷凍したものは、冷蔵庫で自然解凍してから使う。

「ラップに包むから、みそ床は少なめで。さわらから少し水分が出るので、まんべんなくいきわたります」

野菜といっしょにフライパンで蒸して

1人分 302kcal　塩分 2.1g

「白いご飯がすすむ、味つけいらずのおかず。好みの野菜を合わせてどうぞ」

「娘のおべんとうの定番。ホイルを敷いたフライパンで焼けば、洗いものもラク」

シンプルに焼き、おべんとうに

1人分 266 kcal　塩分 1.6 g

材料（1～2人分）
「さわらのみそ甘酒漬け」（P34参照）
　……………………… 1～2切れ
温かいご飯 ……………………… 適宜
好みのおかず（卵焼き、菜の花のおひたし、里いもの白煮など）

作り方
❶ さわらはみそ床をしっかりとぬぐい取る。フライパンにフライパン用ホイルを敷き、さわらを皮目を上にしてのせる。ふたをして弱めの中火で6～7分焼く。または魚焼きグリル（両面焼き※）にさわらを皮目を上にして入れ、弱火で7分ほど焼く。
※片面焼きの場合は予熱してから皮目を上にして並べ、弱火で両面を3～4分ずつ焼く。

❷ 弁当箱にご飯を詰め、①をのせる。好みのおかずを詰める。

材料（2人分）
「さわらのみそ甘酒漬け」（P34参照）
　……………………………… 2切れ
もやし …………… 1袋（約200g）
にら ……………… ½束（約50g）
塩 ………………………… ひとつまみ
油 …………………………… 小さじ2

作り方
❶ さわらはみそ床をしっかりとぬぐい取る。もやしはひげ根を取る。にらは長さ4cmに切る。

❷ フライパンに油を中火で熱し、さわらを皮目を下にして入れ、両面をさっと焼く。さわらを端に寄せてもやしとにらを入れ、野菜に塩をふって混ぜる。さわらを野菜の上にのせてふたをし、弱めの中火で7分ほど蒸し焼きにする。

かつお

まずはたたきで。残りは保存食に。

春

むしろ薬味を食べる
かつおのたたき

1/3量で198kcal 塩分1.9g

「こぼれ落ちそうなほどの薬味と
厚切りのたたきをいっしょにほおばって。
たれはめいめい好きなものを選ぶと、飽きません」

春から初夏に出回る「初がつお」は、秋の戻りがつおに比べ、脂が少なく、さっぱりした味わい。身も赤く透明感があります。

「かつおはオイルなしで焼くだけ。水っぽくなるので、氷水にはとりません」

材料（2〜3人分）
かつおの刺し身（さく）……… 400g
〈薬味〉
　エシャレット（下記参照）…… 3個
　紫玉ねぎの薄切り ………… 1/2個分
　ねぎの小口切り …………… 1/2本分
　万能ねぎの小口切り ……… 5本分
　しょうがのせん切り
　　………………………… 大1かけ分
　みょうがの小口切り ……… 1個分
塩 …………………………… 4つまみ
万能にんにくじょうゆ（下記参照）、
　ポン酢しょうゆ、練り辛子
　　………………………………各適宜

作り方
❶ かつおは水けを拭き、身に塩ふたつまみをふる。エシャレットは葉を切り落とし、小口切りにする。薬味はまとめて水に5分ほどさらし、水けをしっかりきる。にんにくじょうゆのにんにくは、薄切りにする。

❷ フライパンにかつおを皮目を下にして入れる。中火にかけ、全面を30秒〜1分ずつ、色が変わるまで焼く（トングを使うと返しやすい）。取り出して10分ほどおく。

❸ ②を幅1cmの厚切りにする。器に盛り、塩ふたつまみをふってかるく押さえ（＝たたく）、1分ほどおく。薬味をのせ、にんにくを散らす。にんにくじょうゆ、ポン酢、練り辛子などでいただく。

エシャレット
ほどよい辛みと歯ざわりが特徴。香りがよいので、定番の薬味に加えると一気に複雑な味わいに！

万能にんにくじょうゆ
空きびんに皮をむいたにんにく6かけを入れ、しょうゆをひたひたに注ぐだけ。にんにくが中まで黒くなるには3カ月ほど、すぐ使いたいなら薄切りで。香り豊かな味わいですよ。

「しめはやっぱり、炊きたてご飯で」

「ねっとりした口当たりの〈ごま漬け〉を酢めしと混ぜて、手こねずしに。ごまはたっぷりめがおいしい」

かつおの手こねずし
1/5量で387kcal 塩分1.3g

かつおのごま漬け
1/4量で140kcal 塩分0.8g

材料(作りやすい分量)と作り方
かつおの刺し身(さく)400gは、幅1cmに切る。みりん(電子レンジで20秒ほど加熱したもの)大さじ1、しょうゆ、白すりごま各大さじ1を加えてあえ、20分ほど漬ける。
● 冷蔵で3日ほど保存可能。
・サラダ菜やクレソンとあえて。
・焼きのりで巻いて食べても。

材料(4〜5人分)
「かつおのごま漬け」(P38参照)
　……………………………… 全量
米 ……………………… 2合(360㎖)
青じその葉のせん切り …… 6枚分
しょうがのせん切り …… 大1かけ分
〈すし酢〉
　塩 ………………………… 小さじ½
　砂糖 ……………………… 大さじ2
　米酢 ……………………… 大さじ4
白いりごま(半ずり) ………… 適宜
しょうゆ ………………… …… 少々

作り方
❶ 米は炊く30分前に洗い、ざるに上げる。炊飯器の内がまに米を入れ、2合の目盛りまで水を注ぎ、普通に炊く。しそとしょうがは水に5分ほどさらし、水けをしっかりきる。しそは飾り用に少量取り分ける。
❷ 炊きたてのご飯を飯台に入れ、すし酢の材料を順にふる。しゃもじで切るように混ぜる。白いりごま大さじ1をふり、さっくりと混ぜる。堅く絞ったぬれぶきんをのせ、人肌にさます。
❸ ごま漬けの味をみて、味が薄いようなら、しょうゆをからめる。②にごま漬け、しそとしょうがを加えて混ぜる。器に盛り、飾り用のしそと白いりごま少々をふる。

やりいかの煮つけ

1/3量で164kcal 塩分2.3g

「絶対はずせないのが煮つけ。身が薄いので堅くなりづらく、甘辛味がしみ込みます」

やりいか

軽やかな身を、まるごと味わう。

春

やりいかは1〜3月が旬。するめいかに比べて身が薄く、上品な甘みが特徴です。鮮度はとれたてから透明、茶色、白へ変化します。透明度があり、ハリのあるものを選んで。

やりいかのさばき方

胴からわたと頭をはずす

① やりいかはさっと洗い、水けを拭く。胴の中に指を入れ、胴と頭のつながったところをはずす。頭を持ちながら胴からわたを引き出す。わたやすみ袋が破れないよう、ゆっくりと。

② 胴の内部にある透明な軟骨を引き抜く。胴の中に残ったわたを流水で洗い、水けを拭く。

わたを切り落とし、足を処理する

③ わたは目玉の下で切り落とし、わたの中央についているすみ袋をそっとはずす。さらに目と足の間を切り、足の切り口の下を指で押し、くちばしを除く。

④ 足のつけ根に1本切り目を入れ、開く。塩少々をふり、包丁の刃先で小さな吸盤をこそげる。さっと洗い、足の下処理の完成。

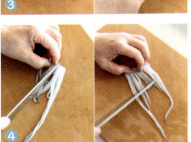

足やわたが残ったときは

足はシンプルにさっと炒めて。わたとしょうゆ、バターで炒めて、わた炒めにするのもおいしい。

材料（2〜3人分）
やりいか（やや小ぶりのもの）
　………… 6〜7はい（約500g）
〈煮汁〉
　砂糖 ……………………… 大さじ1
　酒、みりん、しょうゆ
　　………………………… 各大さじ2
　だし汁（昆布）………… ½カップ
ゆでた菜の花 ……………… 適宜

作り方
① やりいかはP40「やりいかのさばき方」を参照して同様にし、水けを拭く。
② 口径約20cmの鍋に煮汁の酒とみりん、だし汁を入れて中火にかける。1分ほど煮立ててアルコールをとばし、砂糖としょうゆを加える。ふつふつとしたら、①を加える。再び煮立ったら、落としぶた（P7参照）をし、6〜7分煮る。そのまま粗熱を取る。菜の花を食べやすく切る。
③ 食べる直前に、再び火にかけて温める。器に盛って煮汁をかけ、菜の花を添える。

＊10cm以下のごく小ぶりのものなら、さばかずまるのまま煮つけても。わたの苦みも気になりません。

簡単いかめしに
⅕量で98kcal　塩分0.8g

材料（作りやすい分量）
「やりいかの煮つけ」（胴、上記参照）
　………………………………… 3ばい分
〈酢めし〉
　炊きたてのご飯 …… 茶碗1杯分
　塩 ………………………… ひとつまみ
　砂糖 ……………………… 小さじ1
　酢 ………………………… 小さじ2
三つ葉の粗いみじん切り …… 適宜

作り方
① ボールにご飯を入れ、熱いうちに調味料を加えて、さっくりと混ぜる。三つ葉を加えて混ぜる。
② やりいかの煮つけに、①を詰める。小鍋にいかめしとやりいかの煮つけの煮汁適宜を入れて中火にかけ、とろみがつくまで煮つめる。いかめしを食べやすく切り、器に盛る。煮汁をかける。

「煮つけにさっぱりした酢めしを詰めるだけ。オツな味になりますよ」

ほたるいか

おかずにはもちろん、粋なおつまみとしても。

生のほたるいかが手に入ったら

① ほたるいかを水でさっと洗う。鍋に湯を沸かし、ほたるいかを入れる。沸騰させないように火を加減しながら、色が赤くなって身がふっくらとし、耳（えんぺら）がしっかりと開くまで1分ほどゆでる。

② ざるになるべく重ならないように広げる。粗熱が取れたら白くなった目をつまみ、取り除いておくとよい。

材料（2人分）
- ほたるいか（ゆでたもの）……120g
- 春キャベツ……100g
- にんにくの薄切り……1かけ分
- 赤唐辛子……½〜1本
- 塩、粗びき黒こしょう……各適宜
- オリーブオイル……大さじ2

作り方

① ほたるいかは目をつまんで取る。キャベツはしんを切り分けて薄切りにし、葉の部分は一口大に切る。

② 鍋に湯を沸かして塩少々を入れ、キャベツをさっとゆでてざるに上げ、水けをきる。

③ フライパンにオリーブオイル、にんにく、赤唐辛子を入れて弱火で熱し、にんにくにかるく焼き色がついたら、キャベツ、ほたるいかを順に加える。そのつどさっと炒め、味をみて塩少々でととのえる。器に盛り、粗びき黒こしょうをふる。

> 「ほたるいかのおいしさに、にんにくや赤唐辛子の香りが好相性。キャベツは下ゆでし、色よく、食感もよく仕上げます」

ほたるいかと春キャベツのペペロンチーノ炒め
1人分179kcal 塩分0.7g

3月から5月にかけて旬を迎えるほたるいか。富山が有名ですが、最近は兵庫の漁獲量も多いのだとか。ぷりぷりの身に、わたのうまみが何よりも魅力。

春

ほたるいかの酢みそがけ

1人分98kcal 塩分1.3g

「混ぜるだけの酢みそでシンプルに。異なる2つの食感も楽しんで」

材料(2人分)
ほたるいか(ゆでたもの)……100g
〈酢みそ〉
　白みそ(またはみそ)………30g
　砂糖……………………小さじ2
　酢………………………小さじ1½
スナップえんどう……………6個
塩………………………………少々

作り方
① スナップえんどうはへたと筋を取る。小鍋に湯を沸かして塩を加え、スナップえんどうをさっとゆでてざるに上げる。
② ほたるいかは目をつまんで取る。酢みその材料を混ぜる。器にほたるいか、スナップえんどうを盛り、酢みそをかける。

ほたるいかの甘辛煮

¼量で59kcal 塩分0.9g

「しょうがをきかせた甘辛い煮汁で、ほたるいかのうまみを引き立てます。日本酒のお供に、ぜひ」

材料(作りやすい分量)
ほたるいか(ゆでたもの)……150g
しょうがのせん切り………1かけ分
〈煮汁〉
　昆布だし………………½カップ
　砂糖、しょうゆ、みりん
　………………………各大さじ1

作り方
① ほたるいかは目をつまんで取る。鍋に煮汁の材料を入れて中火にかけ、煮立ったらほたるいか、しょうがを加える。
② 再び煮立ったら落としぶた(P7参照)をして弱めの中火にし、5分ほど煮る。火を止め、そのまま冷まして味を含ませる。
● 冷蔵で3日ほど保存可能。

混ぜご飯にしても。炊きたてのご飯に、ほたるいかの甘辛煮を煮汁ごと、みじん切りにしたしょうがとともに混ぜて。

あさり

うまみたっぷりのだしをともに楽しむ。

あさりとレタスのオイル蒸し
1/3量で98kcal 塩分0.6g

> 「風味満点のあさりのおかげで、レタス1個がペロリ！」

材料（2〜3人分）
- あさり（殻つき・砂出ししたもの） …… 200g
- レタス …………………… 1個
- 塩 ………………………… 少々
- オリーブオイル ………… 大さじ2

②

作り方
① あさりは殻と殻をこすり合わせるようにしてよく洗い、水けをきる。レタスはしんをくりぬき、手で大きく4つに割る。

② 口径約22cmの厚手の鍋にレタスを入れ、あさりをのせる。オリーブオイルを回しかける。ふたをして中火にかけ、5分ほど蒸し煮にする。鍋を揺すって弱めの中火にし、さらに5分ほど蒸す。あさりの口が開いたら、でき上がり。味をみて、塩で味をととのえる。

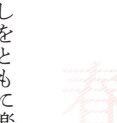

春

産卵期を迎える2〜4月の春と、9〜10月の秋が旬。ふっくら肉厚の身や、うっとりするほどおいしいだしが魅力。あさり自体の塩けもあるので、味つけは必ず味をみてから。

44

あさりのつくだ煮
1/5量で19kcal 塩分0.9g

「煮る時間を最小限にすることで、柔らか食感をキープ。うまみのあるゆで汁はポトフーに」

材料（作りやすい分量）
あさり（殻つき・砂出ししたもの）
　……………………… 600g
しょうがのせん切り …… 1/2かけ分
酒、しょうゆ ………… 各小さじ2

作り方
① あさりは殻と殻をこすり合わせるようにして、よく洗う。鍋にあさりと水3カップを入れてふたをし、中火にかける。煮立ったらすぐに弱めの中火にし、口が開くまで煮る。
② 火を止めて、そのまま粗熱を取る。あさりの身を取り出す。ゆで汁は捨てない。
③ あさりの身とゆで汁大さじ3、しょうが、酒、しょうゆを小鍋に入れ、中火にかける。煮立ったら弱火にし、焦がさないよう注意しながら煮る。汁けがほぼなくなったら、でき上がり。
● 冷蔵で1週間ほど保存可能。

① ぐつぐつ煮立てず、口が開けばOK。

② 殻でこそげるようにすると、身が取り出しやすい。

③ 焦げやすいので、火加減には注意。

濃厚なゆで汁で、ポトフーに

「じゃがいもや大根、キャベツでも。煮汁をからめたパスタも絶品です」

材料（2人分）と作り方
① あさりのつくだ煮のゆで汁（上記参照）全量（約2 1/2カップ）は、ペーパータオルを敷いたざるでこす。かぶ4個は茎を2cmほど残して葉を落とす。水をはったボールにつけて竹串で茎の間の汚れをかき出し、皮をむく。
② 厚手の鍋に①を入れ、中火で20分ほど煮る。味をみて、塩少々でととのえ、オリーブオイル少々をふる。

春のごちそうストック

まずはそのまま。レモンを絞り、粗びき黒こしょうをたっぷりふって。

自家製 かつおツナ
1/5量で204kcal 塩分0.8g

「ごろりとした食べごたえとしっとり感は、感動もの！ 旬でさくが安い時期にぜひ作ってみて」

材料（作りやすい分量）
- かつおの刺し身（さく）……600g
- にんにく（大）……2かけ
- 塩……小さじ1½
- オリーブオイル……1カップ

この厚みが、しっとり感の秘密。さくのままだと生焼けになりがちですが、その心配もありません。

途中で返すので、オイルがかつおにかぶらなくても大丈夫。

作り方
① かつおは水けを拭き、幅3cmの厚切りにする。バットにペーパータオルを敷き、かつおを並べる。塩を全体にふり、水けが出たら拭く。

② 木べらでにんにくをつぶす。直径約20cmのフライパンに①とにんにくを広げ入れる。オイルを注ぐ。

③ 中火にかけ、ふつふつとしたら弱火にする。身の半分くらいまでが白くなったら、上下を返して1分ほど煮る。ふたをして火を止め、そのままさます。余熱で火を通すことで、柔らか食感をキープできます。

● オイルごと保存容器に移し、冷蔵で1週間ほど保存可能。

さくで購入したかつおを、オリーブオイルでさっと煮てツナ缶風に。
ごろっとした厚みは自家製ならではのぜいたく。余熱で火を通し、ほろりと柔らかに仕上げます。

半熟ゆで卵に一口大にほぐしたツナをのせ、パセリのみじん切りをたっぷりと。塩少々をふって。

ゆで卵にのせて

ツナマヨご飯に

炊きたてご飯にもみのりを散らし、かるくほぐしたツナをオン。マヨネーズを絞り、しょうゆをふって。禁断の味(笑)!

あじ

骨まで味わいつくします。

材料（2人分）
- あじ（小・フライ用に背開きしたもの）……………………4尾分
- 〈バッター液〉
  - 溶き卵…………………… 1/2個分
  - 小麦粉…………………… 1/2カップ
  - 水………………………… 1/2カップ
- A
  - ゆで卵のみじん切り……1個分
  - らっきょうの甘酢漬けのみじん切り ……………… 2～3粒分
  - マヨネーズ……… 大さじ2
- 塩、小麦粉、パン粉、キャベツのせん切り、レモンのくし形切り、ウスターソース………… 各適宜
- 揚げ油……………………… 適宜

作り方

1. あじは皮を下にし、身に塩をひとつまみずつふる。10分ほどおき、水けを拭く。ボールにバッター液の材料を混ぜる。Aを混ぜる。
2. あじに小麦粉を薄くまぶし、余分な粉をはたき落とす。尾を持ち、バッター液にくぐらせる。パン粉をふんわりとつける。
3. 揚げ油を中温（P7参照）に熱し、あじ2枚を皮目を下にして入れる。途中一度上下を返し、こんがりと色づくまで1分ほど揚げる。揚げ網に取り出し、尾を上にして立たせるようにして油をきり、余熱で火を通す。残りも同様にする。
4. 器に盛り、キャベツ、レモンを添える。A、ウスターソースをかけていただく。

あじフライ らっきょうタルタルソース

1人分536kcal 塩分1.8g

初夏から夏が旬のあじ。うまみが濃く柔らかな身は揚げものて味わうのが好き。この時期、近所の魚屋さんではフライ用の背開きされたあじが並ぶので、それを使うことも。

「ふっくらジューシーなあじの中には、香りのいい梅と青じそが。ぜひ揚げたてをほおばって」

あじの梅しそ天
1人分302kcal　塩分2.0g

材料（2人分）
あじ（三枚におろしたもの、P50参照）
　………………………… 3尾分
梅干し（大・塩分10％前後）…… 1個
青じその葉 ………………………… 3枚
〈ころも〉
　｜市販の天ぷら粉 ……… 1/3カップ
　｜水 ………………… 大さじ3〜4
大根おろし、しょうゆ …… 各適宜
塩 ………………………………… 少々
揚げ油 …………………………… 適宜

作り方
❶ あじは皮を下にし、身に塩をふる。10分ほどおき、水けを拭く。青じそは軸を切り、縦半分に切る。梅干しは種を除き、果肉をたたく。

❷ あじの身に梅肉を薄く塗ってしそを1切れずつのせ、手前から巻き、つま楊枝で留める※。

❸ ころもの材料を混ぜ、②をくぐらせる。揚げ油を中温（P7参照）に熱し、あじを入れる。1分30秒ほど揚げ、取り出して油をきり、余熱で火を通す。つま楊枝を抜き、器に盛る。大根おろしにしょうゆをかけて添える。

※あじの身が短い場合は、巻かずに一枚の長さを半分に切り、梅肉としそをはさむ。1切れに梅肉と、長さを半分に切ったしそ2切れをのせ、もう1切れを重ねてはさむ。ころもをつけ、そっと油に入れる。ころもが固まるまでさわらなければ、形よく揚がる。

「自家製のらっきょう入りのタルタルソースとウスターソースをかけて。火の通りが早いので、さっと揚げて余熱で火を通すのがコツ」

あじを三枚におろす

2. 片側の身をそぐ

① 尾を手前、背を右に置く。頭のほうから尾に向かい、浅く切り目を入れる。再度切り目をなぞるように中骨に当たるまで切り目を入れる。
② 尾を向こう、腹を右に置く。尾から頭の切り口に向かい、浅く切り目を入れる。再度切り目をなぞるように中骨に当たるまで切り目を入れる。
③ 刃を外に向けて腹側の切り目から包丁を入れ、尾のほうに手前から奥に向かって差し込み、貫通させる（尾のつけ根は切り離さない）。
④ 刃を返して内に向け、左手で尾を押さえる。刃を中骨にそわせて手前に引き、中骨に身を残さないよう、切り離す。刃をもう一度外に向け、尾のつけ根に腹側から包丁を入れ、つながっている部分を切り離す。

1. 下処理をする

① 包丁の刃元で尾から頭へ向かいうろこをこそげ取る。尾のつけ根に刃を入れ、前後に動かしながらぜいごを薄くそぐ。裏側も同様にする。
② 胸びれのつけ根に包丁を斜めに入れ、厚みの半分まで刃を入れ、裏返して同様に包丁を入れ、頭を切り落とす。
③ 腹を手前に置き、しりびれから切り口まで切り込みを入れる。刃先で内臓をかき出す。腹の中を流水でよく洗う。中骨の根元にたまっている血合いが残らないよう、指でこする。水けをしっかりと拭く。

二枚おろしの完成

> 「値段も手ごろで大きすぎず、小さすぎないあじは、初めて魚をおろす練習にぴったり。あじがさばければ、さばや他の魚にも応用できます」

50

3. もう片側の身をそぐ

① 中骨がついた身を皮を上にして置く。背側は尾から頭のほうに向かい、浅く切り目を入れる。再度切り目をなぞるように中骨に当たるくらいまで切り目を入れる。

② 腹側は頭のほうから尾に向かい、同様に切り目を入れる。2の③と同様に尾のほうに手前から奥に向かい包丁を差し込み、貫通させる。

③ 刃を返して内に向け、2の④と同様に刃を手前に引いて身を切り離し、刃をもう一度外に向け、尾のつけ根を切り離す。三枚おろしの完成。

4. 刺し身用の下ごしらえ

① 三枚におろしたあじの腹のくぼんだ部分に包丁を寝かせて入れ、腹骨を薄くそぎ取る。

② 身の中央に一列に並んだ小骨を指でさぐりながら、骨抜きで抜く。頭のほうに向かい斜めに引くと抜きやすい。

③ 頭のほうの皮を少しむき、とっかかりにする。片手で身を押さえ、頭から尾に向かい皮をゆっくりはがす。

> 「ずいぶん肉厚になることもあるけれど、それもまたいい」

骨せんべい

1/3量で29kcal 塩分0.1g

材料（作りやすい分量）
あじの中骨 …………… 3〜4尾分
塩 ………………………… 少々
揚げ油 …………………… 適宜

作り方
① 中骨は水けを拭いて塩をふり、天日で半日ほど干す（あれば干物用の網でガードして）。表面がピンと張るくらいが目安。

② 揚げ油を高温（P7参照）に熱し、①をこんがりとするまで1分ほど揚げる。

「ひそかな楽しみは、お酒のいいアテになる骨せんべい。お店でおろしてもらう際も、中骨は必ず持ち帰ります（笑）」

材料(2人分)
- あじ(三枚におろしたもの、P50参照) …… 3尾分(300g)
- ゆでとうもろこし(小) ……… 1本
- ズッキーニ ……………… 1本
- バルサミコ酢 ………… 大さじ3
- しょうゆ …………… 小さじ½
- こしょう ……………… 少々
- 塩、オリーブオイル、小麦粉 ……………… 各適宜

作り方
1. あじは水けを拭き、あれば骨を除く。塩少々、こしょうをふる。小麦粉を薄くまぶす。とうもろこしは身をそぐ。ズッキーニはへたを切り、幅1cmの輪切りにする。
2. フライパンにオリーブオイル大さじ2を中火で熱し、野菜を入れる。塩少々をふり、こんがりとしたら取り出す。オリーブオイル小さじ2をたし、あじを皮目を下にして並べ入れる。両面をこんがりとするまで焼き、野菜とともに器に盛る。
3. フライパンにバルサミコを入れて弱めの中火で熱する。ふつふつとしたら、フライパンを揺する。とろみが出たらしょうゆを加えてさっと混ぜ、②にかける。

地元の魚屋さんでは丸・フライ用・刺し身用と用途ごとに並ぶのが定番。料理意欲がむくむくわきます。これは刺し身用。

あじと夏野菜のバルサミコソテー
1人分415kcal 塩分0.9g

「バルサミコのフルーティな味わいが、あじのうまみを引き立てるんです。いわしやさばでも合いますよ」

52

「好みのハーブをにんにくといっしょにおなかにたっぷり詰めて焼くだけ。香りが身全体になじみ、ワインがすすむ気のきいた一品に」

あじのハーブ焼き

1人分 **199** kcal　塩分 **1.9** g

材料（2人分）

あじ（大・内臓とえらを取った下処理ずみのもの）
　……………… 2尾分（400〜500g）
好みのハーブ（タイム、オレガノ、セージ、ローズマリー、ディルなど2〜3種類）………… 10g
にんにく ………………………… 1かけ
レモンのくし形切り ……… 2切れ
塩、オリーブオイル ……… 各適宜

作り方

① あじは水けを拭いて重さを量り、重量の1％の塩（小さじ1弱）を用意する。表面と内側全体にふってよくなじませ、10分ほどおく。にんにくは半分に切ってつぶす。

② あじの腹ににんにく、ハーブを詰める。魚焼きグリル（両面焼き※）に並べ、弱火で8分ほど焼く。器に盛ってオリーブオイルを回しかけ、レモンを絞っていただく。

※片面焼きの場合は、予熱してから弱火で両面を約4分ずつ焼く。

豆あじ
揚げて頭もまるごといただきます。

夏

「あじの脂がしみた野菜もおいしいから、とにかくたっぷり！ がうちの定番。できたてはもちろん、半日、2日目と味が変わっていくのも楽しい」

野菜どっさり。
豆あじの南蛮漬け
1/3量で503kcal 塩分3.4g

6〜7月によく出回るのが、あじの稚魚「豆あじ」です。揚げるとまるごと頭からパリパリ食べられるのも魅力。小さく柔らかいので、包丁を使わず手で簡単にさばけますよ。

材料（3〜4人分）

豆あじ ……………… 10尾（約600g）※
玉ねぎの薄切り
　……………… 大1個分（約300g）
ピーマン ……………………… 2個
にんじん（小） ……… 1本（約100g）
新しょうが（なければしょうが）のせん切り ……………… 大2かけ分
塩 …………………………… 小さじ1/4
〈南蛮酢〉
　赤唐辛子の小口切り ……… 2本分
　酢 ……………………………… 80mℓ
　砂糖 ………………………… 大さじ2
　しょうゆ …………………… 大さじ3
　水 ……………………………… 30mℓ
片栗粉、揚げ油 ……………… 各適宜
※豆あじがない場合は、あじの三枚おろし6尾分（約600g）でも。

下ごしらえ

① 豆あじはうろこを取り、ぜいごをそぎ取る。腹を上にし、えらぶたをつかんで広げる。
② 赤いえらを指でしっかりつかんで持ち上げ、尾の方へすーっと動かす（こうするとえらとひれ、内臓を取り除ける）。
③ 背びれ、胸びれ、腹びれはキッチンばさみで切り落とす。流水で腹の中を洗い、水けを拭く。塩（豆あじ600gに対し、小さじ1/4が目安）をふる。

作り方

① ピーマンは縦半分に切り、へたと種を除いて縦にせん切りにする。にんじんは皮をむき、長さ4cmのせん切りにする。大きめのバットに野菜をすべて入れる。南蛮酢の材料を混ぜる。
② 豆あじの水けをよく拭き取る。片栗粉を全体にしっかりとまぶす。揚げ油を中温（P7参照）に熱し、カリッとするまで4〜5分揚げる。
③ ②を取り出して、油をきらずに①のバットにそのまま並べる。南蛮酢を全体に回しかける。15分ほどおき、途中一度上下を返す。
● 冷蔵で3〜4日保存可能。

たこ

夏はあえて、たこづくしのおもてなしを。

「うまみたっぷりに仕上げるコツは、たこを細かく刻むこと。頭など足以外の部位が入ると、いいだしが出ます」

たこめし
1/5量で258kcal 塩分1.3g

近くの漁港は「西の明石、東の佐島」と呼ばれるほど、たこが有名。魚屋さんにたこが並ぶさまは、夏の風物詩です。店ごとにゆで方も塩加減も違うので、何軒も食べ歩きました。

> 「たっぷりのしらがねぎを散らす食べ方は、地元の網元・紋四郎丸に教わったもの。たこの甘みが立つ、粋な食べ方」

地元風たこ刺し

1/3量で41kcal 塩分0.6g

材料（2〜3人分）
ゆでたこの足 ・・・・・・・・・・・・・・・ 100g
しらがねぎ（P24参照） ・・・・・・ 10cm分
青じその葉 ・・・・・・・・・・・・・・・・・・・ 3枚
練りわさび、しょうゆ ・・・・・ 各適宜

作り方
① しそは軸を切り、縦にせん切りにする。しらがねぎとともに水に10分ほどさらして水けをしっかりきる。
② たこを薄いそぎ切りにし、器に広げて盛る。①をのせ、しょうゆとわさびでいただく。

たこの薄造りで、ねぎとしそをくるりと包んで。

材料（作りやすい分量）
ゆでたこ（頭や足） ・・・・・・・・・・ 200g
米 ・・・・・・・・・・・・・・・・・・・・・・ 2合（360ml）
しょうがのせん切り ・・・・ 大2かけ分
塩 ・・・・・・・・・・・・・・・・・・・・・・・・・ 小さじ1/2
薄口しょうゆ ・・・・・・・・・・・・・・ 大さじ1

作り方
① 米はといでざるに上げる。口径約22cmの土鍋※に入れ、水360mlを加えて30分ほど浸水させる。たこは幅7mmほどの薄切りにし、さらに細かく刻む。
② 土鍋に塩と薄口しょうゆを加えてさっと混ぜる。たこを広げ入れ、しょうがをのせる。ふたをして中火にかけ、煮立ったら弱火で10〜15分炊く。火を止めて10分ほど蒸らす。
③ しゃもじでさっくりと混ぜ、器に盛る。

※炊飯器の場合は、米を内がまに入れて2合の目盛りまで水を注ぐ。作り方②と同様に調味料を混ぜて具をのせ、普通に炊く。

いわし
手開きし、オイル煮に。

いわしの手開き

下準備
いわしは胸びれのつけ根から頭を落とす。切り口から腹の部分を4〜5cm斜めに切り落とし、包丁の刃先で内臓をかき出す。腹の中をよく洗い、水けを拭く。

① 頭の切り口から尾に向かい、中骨にそって親指をすべらせて開く。
② 尾のつけ根の骨を折る。
③ 片手で身を押さえながら、尾から頭のほうに向かい、ゆっくりと中骨をはがす。

※骨は「骨せんべい」(P51)を参照し、同様に揚げても。

「一度やり方を覚えれば、あとは簡単。小骨もきれいに取れます。煮ものやフライ、焼きものなど、幅広い料理に使える、下ごしらえです」

いわしのオイル煮
1/4量で272kcal 塩分0.7g

「たっぷりのオイルで煮るからこそのしっとり感。時間をおくと、どんどん味がなじみます」

材料(作りやすい分量)
いわし(手開きしたもの、上記参照)
　………… 8尾分(正味350g)
A｜にんにくの薄切り …… 2かけ分
　｜赤唐辛子 …………… 1〜2本
　｜ローリエ ………………… 1枚
塩 ……………………… 小さじ1強
オリーブオイル ………… 1カップ弱

作り方
① いわしは背びれを切り取りながら、縦半分に切る。腹骨をそぎ取る。
② 皮目を下にしてバットに並べる。身に塩(重量の2%)をふり、冷蔵庫に1時間ほどおく。
③ ②の水けを拭く。フライパンに皮目を上にし、重ならないよう並べ入れる。Aをのせ、オリーブオイルをひたひたに注ぐ。
④ 強めの中火にかけ、ふつふつとしたら弱火にし15分ほど煮る。そのままさまし、さめたら油ごと清潔な密閉容器に入れ、冷蔵保存する。

● 冷蔵で約2週間保存可能。

脂がのった旬のいわしは、柔らかく、手で簡単に開けます。たっぷりのオイルで煮れば身はふっくら、臭みもなく、アレンジも自在。うまみ満点のオイルも料理に使えて便利。

夏

いわしとなすのサンドイッチ

1人分 484 kcal　塩分 1.8 g

「なすにいわしのうまみとオイルがしみ込み、こたえられないおいしさ。オリーブやケッパーをはさみ、おつまみにも」

材料（2人分）
「いわしのオイル煮」（P58参照）
　……………………………… 6枚
「いわしのオイル煮」のオイル
　……………………………… 適宜
なす ………………………………… 1個
食パン（8枚切り）……………… 4枚
塩 ………………………………… 適宜

作り方
① なすはへたを切り、縦に幅5mmに切る。グリルパン（なければフライパン）に油をひかずになすを入れて中火で熱し、両面に焼き色がつくまで焼く。続けてパンも同様に焼く。
② パン1枚の片面にオイル適宜をふり、なすの1/2量をのせる。塩少々をふり、いわし3枚をのせる。もう1枚のパンを重ね、上からかるく押さえ、具を並べた方向と直角になるよう半分に切る。残りも同様にする。

材料（2人分）
A ｜「いわしのオイル煮」（P58参照）
　　……………………………… 4枚
　　「いわしのオイル煮」のオイル
　　……………………………… 大さじ2
　　「いわしのオイル煮」のにんにく、
　　赤唐辛子 ………………… 各適宜
スパゲティ ………………………… 160g
青じその葉 ………………………… 6枚
塩、レモン（国産）の皮のすりおろし
　……………………………… 各適宜

作り方
① 湯2ℓを沸かし、塩小さじ2を加える。パスタを入れて、袋の表示より1分ほど短くゆではじめる。青じそは軸を切り、粗くちぎる。いわしは長さを3等分に切る。
② フライパンにAを入れて中火にかける。香りが立ったら、パスタを湯をきって加える。全体をざっと混ぜる。味をみて、ゆで汁か塩少々を加え、味をととのえる。
③ 器に盛り、しそとレモンの皮を散らす。

いわしのオイルパスタ

1人分 550 kcal　塩分 1.5 g

「香味野菜の使い方で、和にも洋にもなるパスタ。イタリアンパセリや薄切りの玉ねぎなどもおすすめ」

いわしのかば焼き丼

1人分 608 kcal　塩分 2.3 g

> 「夏のお昼の定番。いわしのうまみと甘辛味のたれで、ご飯が止まりません！」

材料（2人分）

- いわし（三枚におろしたもの）※ ………… 3尾分（約210g）
- 万願寺唐辛子 ………… 2本
- 酒、みりん ………… 各大さじ2
- しょうゆ ………… 大さじ1½
- 砂糖 ………… 小さじ1
- 温かいご飯 ………… どんぶり2杯分（約400g）
- 白いりごま ………… 適宜
- 片栗粉 ………… 適宜
- 塩 ………… ひとつまみ
- 油 ………… 小さじ2

※あじ2尾分でもOK。大きい場合は、たれの調味料を適宜増やして調整を。

作り方

① いわしは水けを拭き、全体に片栗粉を薄くまぶす。皮目を下にしてフライパンに並べ、油を回しかけて中火にかける。焼き色がつくまで両面を2分ずつ焼き、取り出す。

② 同じフライパンにへたの先を切った万願寺唐辛子を入れ、焼きつけるように返しながら中火で4分ほど焼く。塩をふり、取り出す。

③ フライパンに残った脂をきれいに拭き取り、酒、みりんを入れて中火にかけ、アルコールをとばす。しょうゆ、砂糖を入れ、①を戻してよくからめる。どんぶりにご飯を盛っていわしと唐辛子をのせ、白ごまをふる。

いわしの梅しょうが煮

「梅としょうがのさわやかな風味が、脂がのったこってりとしたいわしと好相性」

材料（2～3人分）
- いわし（頭、内臓などを取った下処理ずみのもの）……6尾分（約420ｇ）
- 梅干し（塩分約15％）……2個
- しょうが……1かけ
- 〈煮汁〉
  - 酒、水……各1/2カップ
  - 砂糖、みりん……各大さじ1
  - しょうゆ……大さじ1 1/2

作り方
① しょうがは皮をむき、せん切りにする（皮はとっておく）。いわしは水けを拭き、長さを2～3等分に切る。
② 鍋に煮汁の材料、しょうがの皮と、梅干しをつぶして種ごと入れ、強火で煮立たせる。いわしを入れ、再び煮立ったらオーブン用シートで落としぶた（P7参照）をする。さらにふたをし、弱めの中火で10～15分煮る。
③ 煮汁が少なくなり、味がしみ込んだ様子になれば火を止め、しょうがの皮を除く。器に盛り、しょうがのせん切りをのせる。
● 冷蔵で4～5日保存可能。

1人分量で260kcal　塩分2.3ｇ

するめいか

胴と足を違う料理で堪能して。

夏

材料（2人分）
- いかの胴（わたと軟骨を取ったもの・P40参照）……1ぱい分（約140ｇ）
- きゅうり……………………1本
- ゆでたとうもろこし………½本分
- しょうがのせん切り……½かけ分
- 塩、粗びき黒こしょう……各適宜
- 油……………………………大さじ1

作り方

① いかの胴は縦に切り込みを入れて一枚に開き、えんぺらとともに幅1cm、長さ4cmくらいに切りそろえる。

② きゅうりは両端を少し切り、一口大の乱切りにし、塩ふたつまみをふる。とうもろこしはしんから身をそぎ取る。フライパンに油小さじ2を中火で熱してきゅうりを炒め、いったん取り出す。

③ 同じフライパンに油小さじ1をたし、いかとしょうがを入れてさっと炒める。いかに火が通ったら塩ふたつまみをふってかるく炒め、②のきゅうりを戻し、とうもろこしを加えてひと炒めする。器に盛り、粗びき黒こしょうをふる。

「いかのうまみを、シンプルにしょうがと塩でいただきます。きゅうりとコーンを合わせ、夏らしいひと皿に」

いかときゅうりの香味塩炒め
1人分 162kcal 塩分1.8g

年間を通してスーパーに並ぶするめいかですが、夏になると「昼いか漁」が始まる地域もあり、その日のうちに出荷されることから、より新鮮な状態で楽しめます。

材料（2人分）
いかの胴（わたと軟骨を取ったもの・P40参照）……1ぱい分（約140g）
なす……………………3個（約240g）
白菜キムチ………………100g
コチュジャン……………小さじ1/2
みそ………………………小さじ2
ごま油……………………大さじ1

作り方
① いかの胴はえんぺらとともに幅1cmの輪切りにする。なすはへたを切り、縦半分に切ってから、斜めに2～3等分に切る。キムチは食べやすく切る。

② 鍋にごま油を中火で熱し、①を入れてさっと炒める。全体に油がなじんできたら、水1/3カップを加え、煮立ったら弱めの中火にし、ふたをして10分ほど煮る。コチュジャン、みそを溶け入れてひと煮し、火を止める。

いかとなすのキムチ煮
1人分 155kcal 塩分 2.6g

「パンチのあるキムチで煮たら、ほんの少しのコチュジャンとみそでこくをプラス」

いかげそのバターしょうゆ炒め
1人分 64kcal 塩分 0.5g

「わたの濃厚な味わいも生かして」

材料（2人分）
いかの足、いかのわた………各1ぱい分
バター……………………10g
しょうゆ…………………少々
好みで七味唐辛子………適宜

作り方
① いかの足とわたは、P40「やりいかのさばき方」③～④を参照して同様にする。足は長さはそのままで、3～4等分に分ける。わたは4等分に切る。

② フライパンにいかの足、バターを入れ、中火にかけてさっと炒める。いかに火が通ったらわたを加え、しょうゆを1、2滴加えてさっと炒め、火を止める。好みで七味をふっても。

夏のごちそうストック

まぐろの赤ワイン漬け
1/5量で65kcal 塩分0.6g

材料（作りやすい分量）
- まぐろ（赤身）のさく……… 250g
- 赤ワイン……………… 1/2カップ
- しょうゆ……………… 大さじ3

「とあるおすし屋さんで食べてからすっかり夢中。赤ワインを煮つめるとフルーティになり、まぐろとよく合うの」

作り方

❶ 小鍋にワインを入れ、中火にかける。煮立ったら火を弱め、1/2量くらいになるまで5分ほど煮つめる。火を止め、しょうゆを加えて混ぜる。そのまま完全にさます。

❷ まぐろはペーパータオルで、臭みのもとになる水けを拭き、バットに入れる。

❸ ②に①の漬けだれを回しかける。ときどき上下を返して、冷蔵庫で40〜50分漬ける。

※短時間で漬けたい場合はまぐろを食べやすく切ってから漬けて。さくのままさっと熱湯をかけ、湯通ししてから漬けても。
● 冷蔵で3日ほど保存可能。

さくのまま作り、変化を楽しむ漬け。薄切りにして、香味野菜とあえてサラダに。
さっと焼いて、しらがねぎといっしょに食べても！　脂ののったとろではなく赤身でも充分ですよ。

まぐろの赤ワイン漬け適宜は、食べやすく切る。練り辛子を添え、つけながらいただく。

練り辛子を添えて

「これには絶対辛子が合う！オツな味になるんです」

小どんぶりに

「もちろんご飯にも合う。シメにおすすめ」

どんぶりに酢めし適宜を盛り、青じそをちぎってのせる。まぐろをのせて刻みのりをのせ、練り辛子を添えて。

1 | しらすあれこれ
手がかからないけど喜ばれる
わが家のおもてなし

「しらすごはんセットはこちら」

炊きたてのご飯に、あえてしらすだけたっぷりのせ、そのまま。

のり弁風にし、オリーブオイルやごま油をたっぷりかけ、すだちを絞って。

しらすごはん

作り方

生しらすはざるに入れ、氷水でやさしく洗う。水を4～5回替えて水けをきり、ペーパータオルを敷いたバットに広げ、冷蔵庫で冷やす。器にご飯を盛り、生しらすやかま揚げしらす、卵、焼きのり、すだちなどを添える。卵かけご飯やのり弁風、オリーブオイルやごま油をかけるなど、好みの食べ方で。

※生しらすはあしが早いので、買ったらすぐ氷水で洗い、当日中に食べて。

いろいろなしらす屋さんを1年近く食べ歩き、たどり着いたのが「紋四郎丸」のしらす。鮮度が命の生しらす(右)、ふわふわでほどよい塩けのかま揚げ(下)、わが家に欠かせないしらす干し(上)。

かま揚げしらす
小1パック(約150ｇ)500円(税抜き)。
紋四郎丸　神奈川県横須賀市秋谷1-8-5
☎046-856-8625　FAX046-858-0930
※取り寄せ可、注文は電話かFAXで。
9：00～16：00、不定休。

1〜3月上旬の間は禁漁のしらす。
漁が解禁される春になると、しらす直売所の紋四郎丸さんに「まだ?」と電話するほど(笑)。
ようやく食卓に並ぶと「待ってたよ〜!」という気持ちになります。
まず必ず食べると決めているのがしらすごはん。
シンプル極まりないのですが、友人たちにも人気の、海辺ならではの食べ方。
ひつまぶしのようにいろいろ試して、ぜひお気に入りを見つけてください。

「何はなくとも食べたい、春の味」

卵を割り入れ、しょうゆをちょろり。あとはわしわし混ぜて、いざ。

しらすトースト

「朝やランチだけでなく、おつまみにも。一口大に切って出すと、喜ばれます」

しらすチーズ
281kcal 塩分**1.5**g

材料（1枚分）と作り方
食パン（6枚切り）1枚にオリーブオイル小さじ1をふり、しらす干し大さじ2をのせる。ピザ用チーズ20gをのせ、オーブントースターで3分ほど焼く。

のりしらす
176kcal 塩分**1.2**g

材料（1枚分）と作り方
食パン（6枚切り）1枚にバター小さじ½を塗り、オーブントースターで3分ほど焼く。しょうゆ少々をふり、かま揚げしらす（またはしらす干し）大さじ2をのせる。焼きのり適宜をちぎってのせる。

しらすマヨ
198kcal 塩分**1.3**g

材料（1枚分）と作り方
食パン（6枚切り）1枚にバター小さじ½を塗り、オーブントースターで3分ほど焼く。しらす干し大さじ2をのせ、マヨネーズ適宜を絞る。

しらすとスナップえんどうのペペロンチーノ

1人分515kcal　塩分1.8g

「春キャベツやきぬさやなど、甘みのある野菜なら何でもおいしい」

材料（2人分）
- かま揚げしらす（またはしらす干し） ………… 1/2カップ（約38g）
- スナップえんどう ………… 14個
- スパゲティ ………… 160g
- にんにくのみじん切り …… 1かけ分
- 赤唐辛子の小口切り ……… 1本分
- 塩 ………………………… 適宜
- オリーブオイル ………… 大さじ3

作り方

❶ スナップえんどうはへたと筋を取る。

❷ 湯2ℓを沸かし塩小さじ2を加え、スパゲティを入れて袋の表示どおりにゆでる。ゆで上がる4分前にスナップえんどうを加える。

❸ フライパンにオリーブオイルとにんにく、赤唐辛子を弱火にかけ、香りが立ったら、②を湯をきって加える（ゆで汁はとっておく）。しらすの2/3量を加えてさっと炒める。塩、ゆで汁各適宜を加えて味をととのえ、器に盛る。スナップえんどうは少量さやを開く。残りのしらすをのせる。

しらすとわかめのかき揚げ

1個分56kcal　塩分0.3g

「三浦では、わかめのほかあしたばでもよく作ります。大根おろしやかんきつを添えても」

材料（8個分）
- しらす干し … ½カップ強（約40g）
- カットわかめ（乾燥）……… 8g
- 溶き卵 ……………………… 1個分
- 小麦粉 ……………………… 適宜
- 揚げ油 ……………………… 適宜

作り方

❶ わかめはたっぷりの水で5分ほどもどし、水けを拭く。小麦粉をしっかりとまぶし、余分な粉をはたき落とす。

❷ ボールに溶き卵を入れ、冷水大さじ6を加えてよく混ぜる。小麦粉½カップを加えてよく混ぜ、ころもを作る。

❸ 揚げ油を中温（P7参照）に熱する。小さな器にしらす大さじ1とわかめの⅛量を入れる。ころも大さじ1強を加え、かるく混ぜる。揚げ油にたねをそっと入れ、同様に3～4個油に入れる。返しながら2～3分揚げ、取り出して油をきる。残りも同様にし、器に盛る。

しらすと春野菜のサラダ

1/3量で70kcal 塩分1.0g

「しらす干しが具にも味出しにもなるサラダ。よく混ぜてどうぞ」

材料（2〜3人分）
- しらす干し … 1/3カップ強（約30ｇ）
- 春キャベツ ……… 1/4個（約150ｇ）
- 新にんじん ………… 1/3本（約50ｇ）
- 新玉ねぎ………………… 1/8個
- A｜白すりごま………… 大さじ1
　　｜しょうゆ、ごま油
　　　………… 各小さじ2

作り方
❶ 春キャベツはしんを取り除き、長さ5cmのせん切りにする。新にんじんは皮をむき、せん切りにする。新玉ねぎは縦に薄切りにする。すべて冷水にはなし、パリッとしたら水けをきる。Aを混ぜる。

❷ ①の野菜を器に盛り、しらすをのせる。Aをかけ、よく混ぜていただく。

第3章 旬を味わうシンプルな魚料理 秋・冬

店頭にさんまが並ぶと、秋がめぐってきたとついつい手が伸びます。
一年中手に入る鮭やさばも、脂がしっかりのっておいしい時期です。
温かい食べ物が恋しくなる冬には、ぜひ煮込みや蒸し物で魚料理を。
ぶりやたらから出た、うまみたっぷりのだしもいっしょに楽しみます。
年末年始のごちそうにも魚料理がひと皿あると喜ばれますよ。

さんま

秋の訪れをおいしく彩る。

さんまを塩焼きにする

作り方

① さんまは胸びれのつけ根から腹に包丁を入れ、尾の手前まで切り込みを入れる。切り口から、わた（内臓）を包丁の刃先でかき出す[※1]。

② 表面と腹の中を流水でよく洗い、水けを腹の中まで拭く。重さを量り、1尾あたり3％の粗めの塩を用意する（1尾150ｇ〈内臓を除いたもの〉につき塩小さじ1弱が目安）。

③ 両面と腹の中にも塩をふり、15分ほどおいてなじませる。焼き網[※2]に油を薄く塗り、中火で2分ほど予熱する。さんまを並べ、両面を3〜4分ずつ焼く。

※1 下記「焼きさんまご飯」に使うときは、えらも取り除く。
※2 魚焼きグリル（両面焼き）の場合は、予熱せずに7分ほど焼く。片面焼きの場合は焼き網と同様に焼く。

旬のさんまは、塩焼きがいちばん。新鮮なものならわたつきのまま、苦みを楽しんで。焼くときの塩の目安は3％。脂がのっているから、しっかりめのほうが味が入ります。

「仕上げに薬味をたっぷり混ぜ込むと、香りよく仕上がります」

焼きさんまご飯

1/5量で608kcal 塩分1.4g

材料（4〜5人分）
さんまの塩焼き……3尾分（約510g）
米……………………3合（540ml）
ごぼう………………1本（約150g）
薄口しょうゆ（なければしょうゆ）
　………………………………大さじ2
しょうがのせん切り……大1かけ分
みょうがの小口切り…………1個分
青じその葉のせん切り………10枚分
すだち（またはかぼす）………適宜

作り方

① 米はといでざるに上げる。口径約24cmの土鍋※に入れ、水540mlを加えて30分ほど浸水させる。ごぼうはよく洗い、皮つきのままささがきにする。水に5分ほどさらし、ざるに上げる。さんまの塩焼きは長さを半分に切る。

※炊飯器の場合は、米を内がまに入れて3合の目盛りまで水を注ぐ。作り方②と同様に具をのせて普通に炊く。

② 土鍋に薄口しょうゆを加えてさっと混ぜる。ごぼうを広げ入れ、さんまをのせる。ふたをして中火にかけ、煮立ったら弱火で10〜15分炊く。火を止めてさんまを取り出し、しょうがをのせて10分ほど蒸らす。

③ みょうがと青じそは水に5分ほどさらし、水けをきる。

④ さんまは頭と骨を取り除き、身をほぐす。③の薬味適宜とともにご飯にのせ、さっくりと混ぜる。器に盛り、残りの薬味をのせ、すだちを添える。

さんまの カレー竜田揚げ

1人分 473kcal　塩分1.0g

材料（2人分）
- さんま（三枚におろしたもの）……… 3尾分（正味200g）
- さつまいも（小）…… 1本（約150g）
- カレー粉、塩 ……………… 各適宜
- 片栗粉 ……………………… 大さじ1
- レモンのくし形切り ………… 2切れ
- 揚げ油 ……………………… 適宜

作り方
① さんまは水けを拭いて重量の1％の塩（小さじ½弱）をふり、10分ほどおく。さつまいもはよく洗い、皮ごと幅1cmの輪切りにし、水に5分ほどさらして水けをきる。バットにカレー粉小さじ½と片栗粉を混ぜる。

② さんまの水けを拭き取り、①のカレーごろもを全体によくまぶす。くるくると渦巻き状にし、巻き終わりをつま楊枝でしっかりと留める。

③ 揚げ油を低めの中温（約170℃。P7参照）に熱し、さつまいもを水けを拭きながら入れ、4～5分揚げる。竹串がすっと通るくらいになったら油をきる。続けて②を入れ、3分ほど揚げて油をしっかりときる。ともに器に盛ってレモンを添え、好みでカレー粉と塩各適宜を混ぜたカレー塩を添える。

「くるりと巻くのは見た目のためだけではないんです。ふわっと柔らかな、さんまの身のおいしさが味わえます」

「さんまは初めにさっと焼けば、煮る時間は1分程度でOK。上品なおろしのだしとともにいただきます」

さんまのおろし煮

1人分 392kcal 塩分 2.3g

材料（2人分）

さんま……………… 2〜3尾（約300g）
大根………………………… 10cm
しょうがのすりおろし ……… 少々
〈煮汁〉
　だし汁………………… 1カップ
　薄口しょうゆ………… 小さじ2
　塩……………………… 小さじ1/4
塩………………………… 小さじ1/2
あればすだちの薄い輪切り…… 適宜
油………………………… 小さじ2

作り方

① さんまは腹びれ、背びれをキッチンばさみで切る。頭を切り、切り口から中央まで腹に切り込みを入れ、包丁の刃先で内臓をかき出す。さっと洗って水けをよく拭き、長さを3等分に切る。塩を表面、内側全体になじませ、10分ほどおく。

② 大根はよく洗い、皮ごとすりおろす。ざるに上げ、汁けをきる。鍋に煮汁の材料を混ぜ、中火でひと煮立ちさせて火を止める。

③ さんまの水けをもう一度拭き取る。フライパンに油を中火で熱し、両面を2分ずつ焼く。全体に焼き色がついたら②の煮汁に加え、弱めの中火で1分ほど煮る。大根おろしを加えて温め、器に盛る。しょうがと、あればすだちをのせる。

鮭・サーモン

ほどよいうまみと脂を味わう。

秋

自家製鮭ほぐし
1/5量で160kcal 塩分1.5g

「鮭が安いときにまとめ買いしたら、自家製の鮭ほぐしに。自分で作ると、しっとりした口当たりが楽しめますよ」

材料(作りやすい分量)
甘塩鮭の切り身‥‥4切れ(約400g)
〈たれ〉
　薄口しょうゆ、酒(煮きったもの)、
　みりん(煮きったもの)
　‥‥‥‥‥‥‥‥‥‥各小さじ1/5
サラダ油‥‥‥‥‥‥‥‥‥‥適宜

作り方

① 焼き網に油を薄く塗り、中火で2分ほど熱する。鮭を並べ、両面を4分ずつ焼く※。
※魚焼きグリル(両面焼き)の場合は、予熱せずに7分ほど焼く。片面焼きの場合は焼き網と同様に焼く。

② 鮭は熱いうちに骨と皮を除き、大きくほぐす。皮はオーブン用シートに並べ、電子レンジで15秒ほど加熱し、パリッとさせる。粗熱が取れたら、手で砕き鮭に混ぜ込む。

③ たれの材料を混ぜる。鮭の塩けをみてから②に適量ふって全体を混ぜる。

＊小鍋に②、たれの材料を入れて中火にかけ、1分ほどいりつけても。
● 密閉容器に入れ、冷蔵で1週間ほど保存可能。

9〜11月が旬の生鮭のほか、一年じゅう手に入る塩鮭もふだんのおかずに便利。日本では鮭とサーモンの呼び方が混在していますが、生食できる刺し身用は一般に養殖された「サーモン」が使われます。

粉ふきいもと塩もみした薄切りセロリ、鮭ほぐしを混ぜて。オリーブオイルと粗びき黒こしょうはぜひたっぷりめで！

ポテトサラダに

「セロリを葉ごと使うと、香りと彩りが格段にアップ」

「ほどよい塩けの鮭が、濃厚なアボカドとよく合います」

アボカドやトマトとあえてマリネに

レモン汁であえた一口大のアボカド、くし形切りのトマト、鮭ほぐしをさっとあえたら、オリーブオイルを回しかけて。

「香りのいいパセリとバターの濃厚ソースがあっさりした鮭を引き立てます。レモンを絞ってもおいしい!」

鮭のパセリバターソテー
1人分 370kcal 塩分 1.2g

材料(2人分)
生鮭(またはサーモン)の切り身 ……… 2切れ(約200g)
長いも ……… 6cm
にんにくの薄切り ……… 1かけ分
パセリのみじん切り ……… 20g
塩 ……… 小さじ1/3
こしょう ……… 少々
小麦粉 ……… 適宜
オリーブオイル ……… 大さじ2
バター ……… 20g

作り方
❶ 鮭は水けを拭き、塩をふる。10分ほどおき、水けを拭く。長いもは皮つきのままよく洗い、ガス台でじか火に当ててひげ根を焼く。幅1cmの輪切りにする。

❷ フライパンににんにくとオリーブオイルを入れて弱火にかける。にんにくが薄く色づいたら取り出す。鮭にこしょうをふり、小麦粉を薄くまぶす。鮭と長いもをフライパンに並べて中火にかけ、両面を2分ずつ焼く。

❸ 長いもに焼き色がついたら、バターを加えて全体にからめる。鮭と長いもを器に盛る。フライパンに残ったバターオイルにパセリを加え、中火にかける。香りが立ったら、鮭にかける。にんにくチップをのせる。

❷

> 「秋鮭と野菜を揚げ、漬け汁に漬けていくだけ。色合いも美しいひと皿です」

秋鮭と秋なすの揚げびたし

1人分 304kcal　塩分 1.9g

材料（4人分）

- 生鮭（またはサーモン）の切り身 …………… 4切れ（約400g）
- なす ……………………………… 2個
- ピーマン（小） ………………… 4個
- 新しょうがのせん切り …………… 大2かけ分
- 〈漬け汁〉
  - かつおだし（濃いめ） …… 250mℓ
  - みりん（煮きって温かいまま）、しょうゆ ………… 各大さじ3½
- 塩 …………………………… ひとつまみ
- 片栗粉 ……………………………… 適宜
- 揚げ油 ……………………………… 適宜

作り方

❶ 鮭は水けを拭き、塩をまぶす。10分ほどおき、水けを拭く。漬け汁の材料をバットに混ぜる。なすはへたを切り、大きめの一口大の乱切りにする。ピーマンは竹串で3カ所穴をあける。鮭は3つ〜4つに切る。

❷ 揚げ油を中温（P7参照）に熱する。なすをこんがりとするまで揚げてかるく油をきり、バットに加える。ピーマンは薄皮がはじけるまで揚げ、同様にする。

❸ 続けて鮭に片栗粉を薄くまぶし、2〜3分揚げる。ころもがカリッとしたら②のバットに加える。新しょうがをのせて10分ほどおく。全体をさっと混ぜる。

● 冷蔵で3〜4日保存可能。

> 「旬の柔らかな新しょうがをたっぷりと。秋みょうがでも。ピーマンはまるごと揚げれば、種ごとぺろり」

サーモンの昆布じめ

「サーモンを昆布じめにすると水分がほどよく抜け、とろける口当たりに。保存もきき、風味も抜群」

秋

「ねっとり、もちっとした歯ざわりをぜひ！」

厚さ1cmに切ったら、すりたてのわさびとしょうゆで。

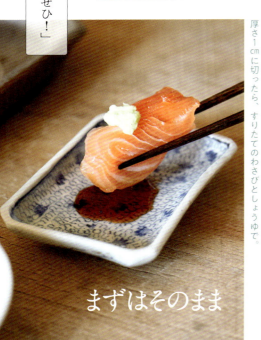

まずはそのまま

材料（作りやすい分量）
サーモン（刺し身用・さく）… 200g
塩 … 2g
昆布（5×10cm、真昆布や利尻昆布がおすすめ）… 2枚
酒 … 適宜

作り方
① サーモンの水けを拭き、重さの1％の塩（小さじ1/2弱）をふり、全体になじませる。
② ペーパータオルを酒で湿らせ、昆布を拭く。表面の余分な汚れが取れる。
③ 昆布で①をはさみ、ラップでぴっちりと包む。冷蔵庫で2〜3日ねかせる。
● 冷蔵で4日ほど保存可能。ねかせればねかせるほど水けが抜ける。

「昆布じめにすると、酢めしとの一体感が出ます。薬味はお好みで」

手まりずしに
1/5量で71kcal　塩分0.3g

作り方
ラップに薄いそぎ切りのサーモンの昆布じめ1切れ、縦半分に切った青じその葉1切れ、一口大の酢めし（P41参照）をのせる。ラップをねじって口を閉じる。食べる直前にラップをはずして。実山椒のつくだ煮やゆずこしょうをのせても。

さば

ご飯に合うしっかりした味つけに。

自家製さばつくね

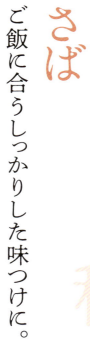

旬は10～2月。よく出回る「真さば」は、産卵期を終え、えさをたっぷり食べているので、身がふっくらと柔らか。「秋さば」「寒さば」とも呼ばれ、脂がしっかりのった格別な味わいです。

材料（作りやすい分量）

〈たね〉
- さば（二枚におろしたもの）……1尾分（正味350g）
- 玉ねぎのみじん切り……1/4個分（約60g）
- しょうがのみじん切り‥1かけ分
- 卵……1個
- みそ……小さじ1
- こしょう……少々

A
- パン粉……大さじ2
- 牛乳または豆乳（成分無調整）……大さじ1

油……小さじ2

「意外にも、さば1尾で10個分と、一度にたっぷりの量が作れます。ほんの少しのみそで、こくをプラスするのがポイントですよ」

作り方

① さばは骨抜きを使用するか、中骨の両側に包丁で切り目を入れ、骨を取り除く。しっかりと水けを拭き、皮からスプーンで身をかき出す。

② 包丁で細かくなるまでたたく。ボールにAを合わせてパン粉をしっとりさせてから、たねの材料を加えて、全体がなじむまで混ぜる。

③ フライパンに油をひく。②を10等分にして平たい円形に整え、フライパンに並べる。中火にかけ、両面を3分ずつ焼いてこんがりとさせる。さらにふたをし、1分ほど蒸し焼きにする。

● 冷蔵で2日ほど、冷凍で1週間ほど保存可能。

さばバーガー

1人分 430 kcal 塩分 1.6g

「まずはこのメニューからぜひ！パンとの相性が抜群です」

材料（2人分）
「自家製さばつくね」(P84参照) ………… 4個
バーガー用のバンズ ………… 2個
ベビーリーフやレタスなど ………… 適宜
紫玉ねぎの薄切り ………… 1/8個分
きゅうりのピクルス ………… 2〜3個
しょうゆ ………… 少々
バター、マヨネーズ、フレンチマスタード ………… 各適宜

作り方
① バンズは厚みを半分に切り、切り口を下にしてフライパンに並べる。中火にかけ、さっと温める程度に焼く。下側のバンズ2切れに、バター、マスタードを塗る。

② さばつくねはフライパンに入れてふたをし、1分ほど弱めの中火にかけて温める。しょうゆを回しかけ、からめる。

③ ピクルスは縦に薄切りにする。下側のバンズ2切れに葉野菜、ピクルス、さばつくねをそれぞれ順にのせる。紫玉ねぎをのせてマヨネーズを絞り、残りのバンズではさむ。

ラタトゥイユ

1/3量で358kcal 塩分1.5g

「たっぷりの野菜と合わせた、風味豊かなトマト煮に」

材料（2～3人分）
- 「自家製さばつくね」(P84参照) ………… 6個
- なす …………………………… 2個
- 玉ねぎ ………………………… 1/2個
- エリンギ ……………………… 1本
- かぼちゃ ……………… 1/4個（約230g）
- にんにく ……………………… 1かけ
- ホールトマト缶詰（400g入り） …… 1/2缶
- 塩 ……………………………… 小さじ1/2
- しょうゆ ……………………… 小さじ1
- オリーブオイル ……………… 大さじ2

作り方
① なすはへたを切り落とし、かぼちゃ（皮つき）はわたと種を取って玉ねぎ、エリンギとともに一口大に切る。にんにくは包丁の腹でつぶす。トマト缶はボールに移し、手でトマトをつぶす。

② 鍋にオリーブオイルとにんにくを入れ、弱火にかける。こんがりとしたら、取り出す。①の野菜を入れ、全体に油が回るまで炒める。トマト缶を加えてふたをし、ときどき混ぜながら、弱めの中火で10～15分蒸し煮にする。

③ なす、かぼちゃが柔らかくなったら、塩、しょうゆを加え、ひと混ぜする。さばつくねを加えて全体を混ぜ、温める。味をみて塩適宜（分量外）でととのえる。

材料（2～3人分）
- 「自家製さばつくね」(P84参照) ………… 全量
- みりん ………………… 大さじ3
- しょうゆ ……………… 大さじ1 1/2
- 好みで卵黄 …………… 適宜

作り方
フライパンにさばつくねを入れて中火で温め、いったん取り出す。フライパンにみりんを入れて中火で熱し、アルコールをとばす。しょうゆを加え、とろみがついてきたら、つくねを戻してよくからめる。器に盛り、好みで卵黄を添える。

甘辛照り焼き

1/3量で385kcal 塩分2.0g

「卵黄をからめた味わいも、間違いないですよ」

揚げさばの黒酢あんかけ

1/3量で355kcal　塩分2.0g

材料（作りやすい分量）
さば（三枚におろしたもの）
　………… 1/2尾分（約200g）
かぼちゃ ………… 1/8個（約200g）
玉ねぎ ………… 1/2個
〈黒酢だれ〉
　さとうきび糖 ………… 大さじ1
　黒酢 ………… 大さじ2
　しょうゆ ………… 大さじ1 1/2
　水 ………… 2/3カップ
〈水溶き片栗粉〉
　片栗粉 ………… 小さじ1
　水 ………… 小さじ1/2
塩 ………… 小さじ1/2弱
　　（さばの重さの約1％）
片栗粉、揚げ油 ………… 各適宜

作り方

❶ さばは水けを拭いて骨があれば除き、一口大に切る。塩をふって10分ほどおく。かぼちゃは種とわたを除き、皮をところどころむいて幅1cmのくし形切りにする。玉ねぎは4等分のくし形切りにする。

❷ フライパンに黒酢だれの材料を入れて中火にかけ、煮立ったら、水溶き片栗粉の材料をよく混ぜて加える。とろみがつくまで混ぜ、火を止める。

❸ さばは水けをよく拭き、片栗粉を薄くまぶす。揚げ油を中温（P7参照）に熱し、かぼちゃは4分、玉ねぎは1分ほど揚げ、取り出して油をきる。さばを3分ほど揚げ、油をきる。

❹ ③を②のフライパンに加えて中火にかけ、さっとからめる。

「サクッと揚がったさばとほっくりかぼちゃに、甘酸っぱい黒酢だれがからんで。ご飯がすすむ、こっくりした味わいです」

さばのヤンニョムねぎのせ

1人分342kcal　塩分1.8g

> 「シンプルな塩焼きに、辛みのきいたねぎをのせて。ふっくらした身とどうぞ」

材料（2人分）
さばの切り身 ……… 2切れ（約250g）
〈ヤンニョムねぎ〉
　ねぎ ……………………………… 1本
　粉唐辛子 ………… 小さじ1/3～1
　　（または一味唐辛子少々）
　にんにくのすりおろし
　　 ……………………………… 1かけ分
　しょうがのすりおろし
　　 ……………………………… 1かけ分
　しょうゆ ………………… 小さじ1/2
　コチュジャン …………… 小さじ1
塩 ……………………………… 小さじ1/2
　　（さばの重さの約1％）

作り方

❶ さばは水けを拭き、塩を全体になじませ、10分ほどおく。ねぎは青い部分も含めて斜め薄切りにする。ボールにヤンニョムねぎの材料を混ぜる。

❷ さばの水けを拭き、魚焼きグリル（両面焼き※）で8分ほど焼く。器に盛り、ヤンニョムねぎをのせる。

※片面焼きの場合は5分ほど予熱し、両面を5分ずつ焼く。

ヤンニョムねぎはこんな食べ方も

・白菜とあえれば即席キムチに
・焼いた豚肉で巻いて
・豆腐や蒸したじゃがいもにのせて

秋のごちそうストック

「ジャムびんに詰めると、そのまま冷凍できて便利。お正月のおせちにも使えます」

生すじこが手に入ったら、必ず作るのがしょうゆ漬けです。あっさりしてフレッシュな味わいは、市販品とはまったく別もの。まずは炊きたてご飯にためらいなく、どっさりと！

自家製イクラのしょうゆ漬け
1/6量で176kcal 塩分4.0g

材料（作りやすい分量）
生すじこ……1はら（約350g）
〈漬け汁〉
　しょうゆ（あれば薄口しょうゆ）、
　酒（煮きったもの）
　………………各大さじ2 1/2

作り方
❶ 耐熱のボールにすじこを入れ、50℃※の湯を注ぐ。大きな膜を親指の腹でしごくようにし、卵からはがす。湯の温度が下がるとほぐしにくくなるので、そばに熱湯を用意するとよい。

※湯を沸かし、小さな泡がふつふつするくらい。温度計があると便利。または水道水と同量の熱湯をボールで合わせると約50℃になる。

冷水だとほぐしにくく、熱湯だと卵が変質するので注意。

汚れや血を除かないと、口当たりがわるくなるので注意。

室温が高い場合は冷蔵庫へ。水けがきれると自然に透明感が戻ります。

しょうゆが濃口なら鮮やかな赤に、薄口を使うとオレンジ色の仕上がりに。

❷ 4〜5回湯をたしながら、血や細かい膜、汚れをていねいに取り除く。湯で卵は白くなるが、水けがきれると透明に戻るのでご安心を。湯の温度が下がったら、そのつど熱湯をたす。膜や汚れがきれいに取れたら、冷水で卵を4〜5回洗う。

❸ 水がにごらなくなったら、イクラを平らなざるに重ならないように広げる。そのまま30分〜1時間おき、水けをしっかりとる。漬け汁の材料を合わせる。

❹ 煮沸消毒した空きびんに③を入れ、漬け汁をひたひたになるまで注ぐ。冷蔵庫で1日置き、味をなじませる。

●冷蔵で1週間ほど、冷凍で約3カ月保存可能。冷凍を使うときは、冷蔵庫に半日置き、自然解凍で。室温だと30分程度。

はらこめし

1/5量で375kcal 塩分2.5g

材料（4〜5人分）
米‥‥‥‥‥‥‥‥‥‥2合(360ml)
生鮭の切り身‥‥‥3切れ（約350g）
「自家製イクラのしょうゆ漬け」(P91
　参照)‥‥‥‥‥‥‥‥‥‥100g
〈煮汁〉
　だし汁（昆布など）‥‥‥2カップ
　酒‥‥‥‥‥‥‥‥‥‥大さじ1
　しょうゆ‥‥‥‥‥‥‥大さじ2
　みりん‥‥‥‥‥‥‥‥小さじ2
塩‥‥‥‥‥‥‥‥‥‥‥ふたつまみ
三つ葉‥‥‥‥‥‥‥‥‥‥‥適宜

「宮城の郷土料理・はらこめし。鮭の煮汁で炊いたご飯、柔らかな鮭、そしてどっさりの自家製イクラ！間違いない、秋のごちそうです」

作り方

① 米はといでざるに上げる。三つ葉は葉を摘み、茎は長さ5mmに切る。鮭は3等分に切って塩をふり、10分ほどおく。熱湯で表面が白くなるまで、さっと湯通しする。ペーパータオルで水けを拭き、皮を除く。

② 鍋に①の鮭と煮汁の材料を入れて中火にかけ、煮立ったら3分ほど煮て、火を止める。粗熱が取れたら、ざるにあけ、鮭と煮汁を分ける。

③ 炊飯器の内がまに米と②の煮汁を入れ、20分ほど浸水させる（煮汁がたりなかったら2合の目盛りまで水をたす）。そのまま普通に炊く。ご飯が炊き上がったら、②の鮭をのせ、再びふたをして10分ほど蒸らす。鮭を取り出し、ご飯を底から返すように混ぜる。

④ 器にご飯を盛り、三つ葉の葉を散らして鮭をのせる。イクラをのせ、三つ葉の茎を散らす。

ぶり

たっぷりのった脂を生かして。

材料（4人分）
- ぶりのあら ………… 400g
- 大根 ………… 1本（約1kg）
- しょうがのせん切り … 大1かけ分
- A
  - さとうきび糖（なければ砂糖）
    ………… 大さじ4
  - しょうゆ ………… 大さじ5
  - 酒 ………… 1/2カップ
- みりん ………… 大さじ2

作り方

① 鍋に湯を沸かし、ぶりの表面がほんのり白くなるくらいまで湯通しする。ざるに上げ、すぐ氷水につける。指でうろこやアクをやさしくぬぐい落とし、水けを拭く。大根は皮を厚めにむき、大きめの一口大の乱切りにする。

② 口径約22cmの鍋に大根とぶりを順に入れ、Aを加える。ひたひたよりやや少なめの水を加え、中火にかける。煮立ったら落としぶた（P7参照）をし、さらにふたをする。弱めの中火で30分ほど煮る。

③ 大根に竹串がすーっと通るくらいになったら、ふたをすべて取り、みりんを回し入れる。中火にし、鍋を揺すって煮汁が半分くらいになるまで煮つめ、照りを出す。器に盛り、しょうがをのせる。

「あらから出る濃厚なうまみが、大根によーくしみ込みます。湯通ししたら、ていねいに洗って臭み消しを」

ぶり大根
1人分 248kcal 塩分2.0g

養殖もあり、一年じゅう手に入りやすくなったぶりですが、12月から2月にかけての「寒ぶり」のおいしさは格別。冷たい海の中で身が引き締まり、脂ののりもよくなります。

94

「にんにくオイルで焼きつけたら、しょうがたっぷりのたれをからめて。パンチをきかせた味つけがよく合いますね」

ぶりのガーリックジンジャーステーキ

1人分**348**kcal　塩分**1.5**g

材料(2人分)
ぶりの切り身……2切れ(約200ｇ)
ゆでブロッコリー………1/2株分
にんにくの薄切り………1かけ分
〈しょうがだれ〉
　しょうがのすりおろし
　　………………大1かけ分
　しょうゆ、みりん、酒
　　……………………各大さじ1
塩………………………ひとつまみ
オリーブオイル…………大さじ1

作り方
❶ ぶりは水けを拭いて塩をふり、10分ほどおいて水けを拭く。しょうがだれの材料を混ぜる。
❷ フライパンにオリーブオイル、にんにくを入れ、弱火にかけてにんにくが香ばしくなったら取り出す。ぶりを並べ入れ、6～7分かけて両面を焼く。あいているところでブロッコリーも焼きつける。
❸ ぶりにたれをかけてからめ、ブロッコリーとともに器に盛る。フライパンに残ったたれを再び中火にかけて煮つめ、ぶりにかけ、にんにくを添える。

「簡単でごちそう感もあるから、忙しい年末によく登場する鍋。野菜はささがきごぼうや春菊でも。しめの春雨までするっとおなかに入ります」

ぶりしゃぶ
1/3量で300kcal 塩分1.7g

材料（2〜3人分）
- ぶりの刺し身……1さく（約250g）
- 万能ねぎ……1/2束
- えのきだけ……1袋（約100g）
- 昆布（5×5cm）……1枚
- 薄口しょうゆ……小さじ1
- 塩、ポン酢しょうゆ、好みの薬味（右記参照）……各適宜
- 春雨……40g

作り方
1. 鍋に昆布と水4カップを入れ、30分ほどおく。ぶりは水けを拭いて塩少々をふり、10分ほどおく。水けを拭いて幅5mmの薄切りにする。ねぎは長さ6cmに切る。えのきは根元を切ってほぐす。
2. ①の鍋を中火にかけ、煮立つ直前に昆布を取り出す。塩小さじ1/2と薄口しょうゆを加える。
3. ねぎとえのきを鍋に入れてさっと煮て、ぶりを好みの加減にくぐらせ、ポン酢や好みの薬味でいただく。春雨は熱湯でさっとゆで、ざるに上げる。鍋つゆに加えてかるく温め、かんきつを絞る。

いろんな薬味で、味変を

シンプルな鍋だからこそ、薬味で味に変化をつけて。おろししょうが、粗びき黒こしょう、すだちやゆずなどのかんきつ類、もみじおろしなどが合います。

材料(2人分)

- ぶりの切り身……2切れ(約200g)
- 白菜の葉……………………1枚
- 小松菜………………………1〜2株
- 〈ごまみそだれ〉
  - ねぎのみじん切り………10cm分
  - しょうがのみじん切り‥1かけ分
  - 白すりごま、砂糖、しょうゆ、みそ、水…………各大さじ1
- 塩……………………ひとつまみ

作り方

① ぶりは水けを拭いて塩をふり、10分ほどおいて水けを拭く。白菜は葉は大きめにちぎり、しんは縦半分に切ってから斜めに薄切りにする。小松菜は長さ4cmに切る。

② 約30cm四方のオーブン用シート1枚を広げ、中央に白菜のしん、ぶり、白菜の葉、小松菜を1/2量ずつ順にのせる。真ん中で閉じるようにして折りたたみ、両端も折りたたんで、下側に折り込む。残りも同様にする。

③ フライパンに②を並べ、ふたをして中火にかける。フライパンが温まってきたら水1/4カップを注ぎ、再びふたをして10分ほど蒸し焼きにする。たれの材料を混ぜる。紙包みごと器にのせ、たれ適宜をかけていただく。

ぶりと白菜の紙包み蒸し

1人分278kcal 塩分1.8g

「たっぷりの野菜とともに包み蒸しに。ふわっと柔らかいぶりの口当たりも魅力です」

えび

年末年始のおもてなしにも喜ばれる。

「ぷりぷりの食感を楽しみたいから、とにかくえびは火を通しすぎないこと」

とろとろ卵の和風えびチリ

1人分 219kcal 塩分 2.6g

材料（2人分）
- えび（殻つき・ブラックタイガー） …… 8尾
- ねぎ …… 1本（約100g）
- トマト …… 1個（約150g）
- 溶き卵 …… 1個分
- にんにくのみじん切り、しょうがのみじん切り …… 各½かけ分
- 豆板醤（トウバンジャン） …… 小さじ½～1
- だし汁 …… 1½カップ
- しょうゆ …… 大さじ1
- 砂糖、ナンプラー …… 各小さじ1
- 片栗粉 …… 適宜
- サラダ油 …… 大さじ1
- ごま油 …… 少々

作り方

① えびはP99を参照して下ごしらえをする（背を開く）。ねぎは粗みじんに刻む。トマトはへたを取り、ざく切りにする。

② えびに片栗粉を薄くまぶす。フライパンにサラダ油を熱してえびを入れ、両面をさっと焼いて取り出す（完全に火を通さなくてよい）。

③ 同じフライパンににんにく、しょうが、ねぎを入れて炒め、香りが立ったら豆板醤を加えてさっと炒める。だし汁を加え、沸騰したらしょうゆ、砂糖、ナンプラー、②のえびを入れ、ひと煮する。

④ 片栗粉、水各大さじ1を混ぜ、③に加えてとろみをつける。トマト、溶き卵を順に加え、卵に半熟状に火が通ったらごま油をたらし、火を止める。

上がブラックタイガー、下がむきえび。一年中安定して手に入りますが、年末年始のごちそうシーズンには特に欠かせない存在。華やかな見た目が冬の食卓を彩ります。

「えびも玉ねぎも、粗く刻むのがポイントです」

えびと玉ねぎのゆでワンタン
10個分 193kcal　塩分 2.2g

材料（30個分）
ワンタンの皮 …………… 1袋（30枚）
〈たね〉
　むきえび ………………… 150g
　玉ねぎ …………………… 1/4個
　しょうがのみじん切り
　　　　　　　　　………… 1/2かけ分
　片栗粉、酒 ……… 各小さじ1
　塩 ……………… ひとつまみ
〈パクチーだれ〉
　パクチーの小口切り …… 1株分
　ねぎのみじん切り ……… 20cm分
　ピーナッツ（無塩）…… 大さじ1
　しょうゆ、酢 …… 各大さじ1 1/2
　砂糖 ……………… 大さじ1/2
片栗粉 …………………… 適宜

作り方
❶ ピーナッツは粗く刻み、残りのたれの材料と混ぜる。えびは右記を参照して下ごしらえをし、5〜6mm角に切る。玉ねぎも同じ大きさに切る。ボールにたねの材料を混ぜる。
❷ 皮1枚にたね小さじ1強をのせ、端に水をつけてぴったりと包む。残りも同様にする。たっぷりの湯に1個ずつ入れ、2〜3分ゆでる。ゆで汁少量とともになるべく重ならないように器に盛り、たれを添える。

えびの下ごしらえ
❶ 殻つきの場合は殻をむき、背わたを取る。背を開く料理は縦に浅く切り込みを入れ、包丁の刃先で背わたを取る。背を開かない料理は竹串で抜き取る。むきえびも背わたがあれば同様に。
❷ ボールに入れ、片栗粉を大さじ1ほどまぶしてよくもみ、流水で洗って汚れや臭いを取る。ペーパータオルで水けを拭く。

たら

だしがたっぷり出るから、煮汁ごと堪能。

冬

揚げたらのおろし鍋
1人分336kcal 塩分1.7g

「たらのころもが汁に溶け、自然にとろみとこくが出ます。餅もいっしょに揚げれば、しめいらず」

材料（4人分）
- 生たらの切り身 …… 4切れ（約400g）
- 切り餅 …………………………… 4個
- 大根おろし ……… 1/4本分（約500g）
- 春菊 …………………………… 4〜5本
- 昆布（5×10cm）………………… 1枚
- 薄口しょうゆ ………………… 大さじ1
- 片栗粉 ………………………… 大さじ2
- 塩、揚げ油 ………………… 各適宜

作り方
① 土鍋に昆布と水5カップを入れ、30分ほどおく。たらは水けを拭き、3〜4等分に切る。塩小さじ1/4をふって10分ほどおき、水けを拭く。切り餅は4等分に切る。春菊は葉を摘み、茎は長さ2cmに切る。大根おろしはざるに上げる。

② 土鍋を中火にかけ、煮立つ直前に昆布を取り出す。塩小さじ2/3、薄口しょうゆを加えて弱火にする。

③ 揚げ油を中温（P7参照）に熱し、餅を2分ほど揚げ、取り出して油をきる。たらに片栗粉をまぶし、揚げる。表面が白くなったら、取り出して油をきる。

④ ②の土鍋に③を加え、大根おろしをふんわりとのせる。春菊を加えてふたをし、中火で1分ほど煮る。

寒くなるほどにおいしくなるたら。身はあっさりと淡泊ですが、じつは、いいおだしがたくさん出るんです。ぷりっとした身の柔らかさを生かすため、煮るのは短時間で。

材料(2人分)

- 生たらの切り身……2切れ(約200g)
- ブロッコリー………1/3株(約180g)
- ミニトマト……………8〜10個
- 玉ねぎの薄切り……………1/2個分
- にんにく……………………1かけ
- 塩、小麦粉………………各適宜
- 白ワイン………………大さじ3
- 粒マスタード……………小さじ2
- オリーブオイル…………大さじ3

作り方

① たらは水けを拭き、塩ひとつまみをふって10分ほどおく。水けを拭き取り、小麦粉を薄くまぶす。ブロッコリーは小房に分け、トマトはへたを取って半分に切る。にんにくはへらでつぶす。

② 鍋ににんにくとオリーブオイルを入れて弱火にかけ、にんにくがこんがりするまで炒める。にんにくを取り出し、玉ねぎを加えて炒め、しんなりとしたら、たらを加えて両面をさっと焼き、白ワインを入れて煮つめる。

③ 白ワインがほとんど煮つまったらブロッコリー、水2カップを入れて5分ほど煮込む。トマトを加え、味をみて塩小さじ1/3で薄味にととのえ、マスタードを加えてひと煮する。

> 「マスタードの酸味とうまみで、味にぐっと深みが出ます。たっぷりの汁なので、最後にショートパスタやご飯を加えても!」

たらのブイヤベース風 マスタード風味

1人分 346kcal 塩分1.6g

かき

クリーミーなおいしさは、かきならでは。

冬

独特の濃いうまみと塩けがあり、味つけがほとんどいらないかき。一つレンジで加熱して味見をし、塩けを確かめてから調味するのもおすすめです。

「香ばしいバターしょうゆがからんだかきは、間違いないおいしさ。ご飯はもちろん、ビールにも合います」

かきのバターしょうゆ焼き
1人分 358 kcal　塩分 2.6g

材料（2人分）
かき（むき身・加熱用）
　……………… 10個（約300g）
しょうゆ………… 小さじ1〜1½
じゃがいも ……………… 2個
塩、小麦粉、クレソン、レモンのく
　し形切り ……………… 各適宜
バター ………………… 40g

作り方
① じゃがいもは皮をむき、4等分に切る。小鍋に入れ、かぶるくらいの水を入れて中火にかける。煮立ったら10分ほどゆでる。竹串がすーっと通ったら湯を捨て、再び中火にかけて粉ふきにする。
② かきは左記を参照して下ごしらえをし、小麦粉を薄くまぶす。
③ フライパンにバターを中火で熱し、②を並べ入れる。こんがりと焼き色がつくまで両面を2分ずつ焼く。しょうゆを鍋肌から回し入れ、さっとからめる。器に盛り、粉ふきいもとクレソン、レモンを添え、残ったバターしょうゆをかける。

かきの下ごしらえ
① ボールに塩水※（水2½カップに塩大さじ1が目安）を入れる。かきを1個ずつ入れ、振り洗いをする。
② 汚れが落ちたら、ペーパータオルにとり、やさしく水けを拭く。
※かきの塩けが強い場合は塩水ではなく真水でも。

材料（2人分）
かき（むき身・加熱用）
　………… 8〜10個（240〜300g）
ねぎ ……………………… 1本
レモン（国産） …………… ½個
酒 ………………… 大さじ1
塩 ………………………… 適宜

作り方
① かきは上記を参照し、下ごしらえをする。ねぎは青い部分も含めて長さ5cmに切ってから、縦半分に切る。レモンは薄い輪切りにする。
② 小鍋にかきとねぎ、レモンを順に入れて酒をふる。ふたをして中火にかけ、温まってから3〜4分蒸し焼きにする。汁けごと器に盛る。

かきのかんきつ蒸し
1人分112kcal 塩分1.4g

「かきの塩けで味つけいらず。冬ならゆずやだいだいで」

帆立て

生で、さっと焼いて。フレッシュな甘みを楽しみます。

「甘い帆立てと相性抜群のフルーツで、見た目も華やかなカルパッチョに。フルーツをたっぷりのせちゃうのが好きなんです」

材料（2～3人分）
- 帆立て貝柱（刺し身用）……… 5個（約150g）
- いちご …………………………… 4個
- 好みのフルーツ（キウィ、りんご、オレンジなど）………… 100g
- 塩 ………………………………… 小さじ1/4
- オリーブオイル ………………… 大さじ1 1/2
- 粗びき黒こしょう ……………… 少々

いちごはつぶしてソースとしても使います。この甘酸っぱさが、帆立てに合うんです。

作り方
1. いちご1個と好みのフルーツは5mm角に切る。残りのいちごはつぶし、塩、オリーブオイルを加えて混ぜ、ソースを作る。
2. 帆立ては水けを拭き取り、厚みが3～4等分になるようそぎ切りにする。器にかるく塩（分量外）をふり、帆立てを平らになるよう盛りつける。粗びき黒こしょうをふっていちごソースをかけ、①のフルーツを全体に散らす。

帆立てのフルーツカルパッチョ
1/3量で116kcal 塩分0.6g

冬

新鮮な帆立てが手に入ったら、真っ先に味わいたいのがこっくりとした甘み。ちょっとしたアレンジだけで人が来たときにも喜ばれるごちそうに。

殻つき帆立てのみそマヨグラタン
1個分 241 kcal　塩分 1.5 g

「ソースはシンプルに、みそ、マヨネーズと卵黄のみ。これだけで充分濃厚なグラタンになるんです。殻の器が、食卓でも映えますね」

材料（4個分）
殻つき帆立て貝　　　　　　6個
〈みそマヨソース〉
　白みそ※　　　　　　　大さじ3
　マヨネーズ　　　　　　大さじ2
　卵黄　　　　　　　　　2個分
万能ねぎの小口切り　　　　適宜

※白みそがないときはみそでOK。その場合は砂糖やみりんを適宜たし、甘みをプラスしてください。また余ったソースは、なすやきのこなどにかけて同様に焼いたり、ゆでた野菜にあえても◎。

作り方
① 帆立ては殻のふくらみがある面を上にし、ペティナイフなどを貝柱の下に差し込みながら、殻を開く。こそぐようにしながら、貝柱をとる。
② 貝柱からひも、えら、肝を取り除き、貝柱のみを使う（ひもは右記参照）。貝柱は4等分に切る。みそマヨソースの材料をよく混ぜる。
③ 殻は4つ使う。殻をよく洗って水けを拭き、②の帆立てを1/4量ずつのせ、ソース適宜をかける。オーブントースターの天板に並べ、予熱したトースターに入れる。表面がこんがりと焼けるまで7～8分焼き、万能ねぎをのせる。

帆立てのひもは、さっと炒めても美味

帆立てのひもは塩をふってもみ洗いしたのち、流水でぬめりをこそげ取るよう洗い、食べやすく切って。フライパンに油を熱したらさっと炒め、しょうゆで調味を。七味をふっても間違いないですよ。

冬のごちそうストック

材料（作りやすい分量）
かき（むき身・加熱用・大）
　　　　……… 9〜12個（約400ｇ）
にんにくの薄切り ……… 1かけ分
しょうゆ ………… 小さじ1〜2
塩 ……………………… 適宜
オリーブオイル ……… ½カップ

かきのオイル漬け
1/5量で225kcal 塩分1.1g

「かきは蒸し焼きにしてから、たっぷりのオイルに漬けることで、柔らかさをキープ」

作り方

① かきはP103「かきの下ごしらえ」を参照し、水けを拭く。直径約20cmのフライパンに並べ入れ、ふたをして中火にかけ、温まってから3〜4分ほど蒸し焼きにする。

② ふたを取って、しょうゆを回し入れ、全体にからめる。蒸し汁が⅓量くらいになるまで汁けをとばす。

③ 煮沸消毒をした保存びんにかきを入れ、残った蒸し汁を注ぐ。にんにくを加え、オリーブオイルをかぶるまで注ぐ。
● 冷蔵で1週間ほど保存可能。

家族そろって、大のかき好き。毎年殻つきを北海道の厚岸町から取り寄せるほどです。
保存ができるオイル漬けはそのまま食べたり、バゲットにのせてもおいしい。

かきと春菊のサラダ

「ほろ苦い春菊と濃厚なかきが抜群に合う」

材料（2人分）と作り方
春菊の葉½わ分としらがねぎ（P24参照）5cm分は冷水にさらし、水けをきる。オイル漬けのかき4個をのせ、オイル適宜をかける。

かき焼きそば

「かきとにんにくのうまみが、香ばしい麺にからんで」

材料（2人分）と作り方
小松菜4株は葉と茎に分け、長さ4cmに切る。茎をオイル漬けのオイル大さじ1でさっと炒め、いったん取り出す。中華蒸し麺2玉を炒め、オイル漬けのにんにく2枚と茎を加え、しょうゆ少々をふる。かき6個と葉を加えてさっと炒める。

| 2 | 手巻きずし |

手がかからないけど喜ばれる
わが家のおもてなし

刺し身を買ったら、わが家ではまず手巻きずしに。めいめい巻くのが楽しいし、人がたくさん集まるときでも、切って並べるだけなのがいい！
こだわりは薬味と調味料をたっぷり用意すること。
食感や香り、味の組み合わせが無限に広がり、食べ飽きません。
ちなみに薬味は盛りつけでも重要。まず刺し身を盛りつけてから、すきまに薬味を添えるとバシッと決まります。

手巻きずしを盛り上げる名わき役

味のアクセント

白いりごま　生わさび　梅肉　オリーブオイル　塩　しょうゆ

香りや歯ざわりのアクセント

芽ねぎ　きゅうり　しらがねぎ　みょうが

すだち　たくあん　エシャレット　青じその葉

「薬味ではずせないのがエシャレット。ぜひお試しを」

材料（4人分）

サーモン、鯛、まぐろ、帆立て貝柱 の刺し身、ねぎとろ ‥‥‥ 各100g
〈酢めし〉
- 米 ‥‥‥‥‥‥‥‥‥ 2合（360ml）
- 酢 ‥‥‥‥‥‥‥‥‥‥ 40～50ml
- 砂糖 ‥‥‥‥‥‥‥‥‥‥‥ 大さじ2
- 塩 ‥‥‥‥‥‥‥‥‥‥‥‥ 小さじ1

焼きのり（全形）‥‥‥‥‥‥ 7～8枚
しらがねぎ（P24参照）‥‥‥‥ 1本分
エシャレットのせん切り ‥‥‥ 5個分
みょうがのせん切り ‥‥‥‥‥ 1個分
きゅうりのせん切り ‥‥‥‥‥ 1本分
青じその葉（縦半分に切ったもの）
‥‥‥‥‥‥‥‥‥‥‥‥‥ 10枚分

芽ねぎ ‥‥‥‥‥‥‥‥‥ 1パック
たくあん、生わさび、すだち、梅肉、 白いりごま、好みの調味料（塩、 しょうゆ、オリーブオイル）
‥‥‥‥‥‥‥‥‥‥‥‥‥ 各適宜

作り方

❶ 米はといでざるに上げる。口径約20cmの土鍋※に入れ、水360mlを加えて30分ほど浸水させる。しらがねぎ、エシャレット、みょうがはそれぞれ水に5分ほどさらし、ざるに上げる。
※炊飯器で普通に炊いてもOK。

❷ 土鍋にふたをして中火にかけ、煮立ったら弱火で10～15分炊く。10分ほど蒸らしたら、すぐに塩と砂糖をふり、酢を回しかける。しゃもじで切るようにさっくりと混ぜる。

❸ 器に刺し身とねぎとろを盛る。すきまを埋めるように薬味類を盛りつける。生わさびは使うつどする。4等分に切ったのりに酢めしをのせ、好みの刺し身、薬味類、調味料でいただく。

鯛×青じそ×塩×すだち

サーモン×きゅうり×いりごま×わさび

❶

❸

飛田さんちの手巻きずし

1人分 488kcal 塩分1.6g

「たとえばこんな組み合わせ」

まぐろ×たくあん×芽ねぎ

あえてのご飯なし、薬味だけ！

「のりは4つ切り、ご飯は薄めに。そのぶん、いろいろ食べられるでしょ（笑）」

焼き魚やみそ汁に添えたくなる。

わが家の塩むすび

「ご飯は炊きたて、塩はしっかりめがおいしい」

塩むすび

材料と作り方

① 小皿に塩適宜を用意する。炊きたてのご飯を食べたい分だけ小さめの器を使い、ぬらしたまな板に、かたまりにしてのせる。

② 両手をかるくぬらし、塩ひとつまみ（おべんとうにするなら小さじ1/5弱）をとり、手のひらに広げる。

③ ご飯をまな板にのせた順に手にとり、やさしくにぎる。ご飯を回転させながら、5〜6回繰り返す。

魚料理でも活躍。 **お気に入りの道具**

吸水力抜群
ペーパータオル

このペーパータオルは吸水力があり、丈夫なので、ペーパーを何枚も使う必要がなく便利なんです。ガーゼのような質感だから、落としぶたの代わりに使ったり、布巾のように濡れたキッチンをさっと拭いたりと長年愛用しています。

● 超特厚シェフロールコンパクト（高さ24×幅20cm）60枚巻ロール600円／セキ システムサプライ　http://www.skss.co.jp/

魚の臭みを抜く、共通の大事な下ごしらえは、水けをしっかり拭き取ること。

自立もする
丸いまな板

陶片木のまな板は手放せません。丸い形だから、端で切ったら、少し回して違う場所で切り、また回して別のものを切る、という使い方ができるんです。切ったものを置いておく場所も必要ないし、切るたびに洗う手間もありません。丸が欠けている部分を下にすれば自立するから、水ぎれがいいのも気に入っています。

● 三日月まな板（直径30×高さ2.8cm）1595）円（直径20×高さ2.8cmサイズとセットでの価格）／陶片木 ☎0263-32-0646

魚料理には薬味が欠かせないから、本当に便利。

小ぶりで使いやすい
サラダスピナー

とにかく小さいほうがいいので、パール金属のミニサイズを使っています。パッと手にとれるし、作業台の上で場所をとらないし、2人分のサラダでも、数回に分けて回せばすぐに作れます。何よりいいのは、刺し身に添える香味野菜の水きり。水にさらしたしらがねぎやみょうが、貝割れ菜などには、このサイズがベストですね。

● サラダスピナー ミニサイズ Simplice C-1102（高さ13.5×直径16cm）1100円／パール金属　https://www.p-life-house.jp/

※商品の価格はすべて本体価格です。別途消費税がかかります。

撮影／大森忠明（サラダスピナー）、邑口京一郎（ペーパータオル、まな板）

表紙のレシピ

かつおの刺し身サラダ
1/3量で161kcal　塩分1.1g

材料（2～3人分）と作り方

❶ きゅうり1/2本はへたを切り、5mm角に切る。玉ねぎ1/8個はみじん切りにする。パプリカ(赤)と(黄)1/4個ずつ（どちらか1/2個でもOK）はピーラーで皮をむき、へたと種を取って5mm角に切る。青唐辛子1本※はへたを切り、粗いみじん切りにする。

❷ ①をボールに入れ、にんにくのすりおろし少々、塩小さじ1/4、しょうゆ小さじ1/3、バルサミコ酢（またはワインビネガーや酢）小さじ2、オリーブオイル大さじ1を加えてよく混ぜ、味がなじむまで15分ほどおく。

❸ かつおの刺し身250gは水けを拭いて食べやすく切る。器に盛り、塩ふたつまみをふる。手でなじませて②をたっぷりかける。

※辛みが苦手な方は、ピーマン1/2個やしし唐辛子1本を使っても。

手をかけないから、おいしい
いちばんやさしい
魚の食べ方

2024年11月28日　第1刷発行
2025年5月27日　第3刷発行

発行人／堀内茂人
発行所／株式会社オレンジページ

〒108-8357　東京都港区三田1-4-28 三田国際ビル
電話　03-3456-6672（ご意見ダイヤル）
　　　048-812-8755（書店専用ダイヤル）

印刷所／TOPPANクロレ株式会社　Printed in Japan

©KAZUO HIDA 2024　©ORANGEPAGE 2024
ISBN978-4-86593-691-9

● 万一、落丁、乱丁がございましたら、小社販売部(048-812-8755)にご連絡ください。送料小社負担にてお取り替えいたします。
● 本書の全部または一部を無断で流用・転載・複写・複製することは、著作権法上の例外を除き、禁じられています。また、本書の誌面を写真撮影、スキャン、キャプチャーなどにより無断でネット上に公開したり、SNSやブログにアップすることは法律で禁止されています。
● 定価はカバーに表示してあります。
● 本書は2020～2023年に刊行された『オレンジページCooking』より記事を抜粋し、加筆・修正して、新たな記事を追加したものです。

飛田和緒
ひだ かずを
東京生まれ。2005年から三浦半島での海辺の暮らしを始める。近隣の港で揚がった新鮮な魚介類を、四季の料理で楽しむ。シンプルでおいしく、作る人の立場に寄り添ったレシピが人気。
Instagram　@hida_kazuo

STAFF

アートディレクション／knoma

撮影／邑口京一郎

スタイリング／駒井京子

熱量・塩分計算／五戸美香(スタジオナッツ)

校正／みね工房

連載編集担当／小柳恵理子　大橋智美

書籍編集担当／谷本あや子　小林まりえ